De mère en fille

La Cuisine provençale

Marion Payan

De mère en fille
La Cuisine provençale

Albin Michel

Ouvrage publié sous la direction de Laure Paoli

Dans la collection « De mère en fille »

La Cuisine juive tunisienne
Andrée Zana-Murat

La Cuisine marocaine
Touria Agourram

La Cuisine italienne
Leda Vigliardi Paravia

Cet ouvrage a été conçu avec une reliure spéciale
qui permet de garder le livre ouvert à plat
pendant que vous cuisinez.

22, rue Huyghens, 75014 Paris
www.albin-michel.fr

ISBN: 2-226-13259-7

À ma « trilogie de mères »,
Claude, Nène et Tatette,
et à mes enfants, Clara et Clément,
qui, je l'espère, perpétueront la tradition.

Avant-propos

C'est à mon parrain que je dois d'avoir ouvert mon premier livre de cuisine à l'âge de 10 ans. Et à ma grand-mère d'être devenue la cuisinière que je suis. Passionnée par ce bel art, je n'ai cessé, dès mon plus jeune âge, de m'activer devant mes fourneaux. Collée, enfant, aux jupes de Nène, ma grand-mère, puis à celles de Tatette, sa sœur, j'ai tout appris en les observant. Ma mère m'orienta ensuite vers l'improvisation, le geste rapide, la façon intuitive d'alléger un plat ou, au contraire, de l'enrichir à l'envi d'un aromate, d'un trait d'huile d'olive...

Vint l'âge adulte, le mariage et le choc des cultures, avec l'arrivée dans ma vie d'un homme et, j'allais dire, d'un pays... l'Alsace ! Pour le conquérir, je suis allée glaner auprès de sa mère tout ce qui me manquait. Marguerite m'a livré peu à peu des techniques, des tours de main, des trucs. Sa rigueur et sa parfaite maîtrise des produits et des cuissons m'ont fait beaucoup progresser dans la connaissance nécessaire à l'élaboration de plats complexes. Et c'est en mêlant ces apprentissages variés, complémentaires et tous très pertinents, que s'est élevée ma petite musique à moi.

Car c'est bien comme une musique que je conçois la cuisine. Certes, il faut une partition... La recette, de la technique, les gammes du quotidien, mais aussi, et surtout, de l'âme, et ces indications données par le chef, qui font que jamais au grand jamais, on ne joue deux fois la même œuvre de la même façon. Bien qu'ayant hérité de la recette et des casseroles de Nène, je n'ai jamais pu faire une daube ayant exactement le même goût que la sienne. Et c'est tant mieux, à bas le clonage !

Quand on aime, comme moi, le chant et la cuisine, on comprend que la technique ne fait pas tout. La cuisine provençale vous pardonnera les 10 minutes d'inattention, la maladresse des débutants, l'absence d'une totale rigueur. Par contre, elle se cabrera si elle ne sent pas votre âme vibrer, votre générosité déborder, votre humeur « cappricioso » ou votre humeur joyeuse éclabousser la cuisine. Transgressez les règles, soyez créatifs, laissez-vous guider par mes conseils, mais apprenez à trouver votre propre tempo, c'est là qu'est le bonheur.

En un mot, prenez du plaisir à réaliser ces recettes, autant que j'en ai chaque fois que se noue autour de ma taille un solide tablier, signe annonciateur d'un repas préparé et partagé avec ceux que j'aime.

Marion Payan

Table des recettes

Les tartines

Les soupes

Les entrées

Les viandes

Les poissons

Les légumes

Les pâtes et les gnocchis

Les œufs

Les desserts

Les confitures

Les boissons

Les tartines

La tapenade de Maman

La tapenade, c'est le caviar de la Provence. Pâte d'olive, mêlée d'anchois, de câpres et d'aromates, elle a une belle couleur noire ou verte selon les olives que l'on utilise. Chaque famille possède son secret, sa propre version de cette entrée délicate que l'on sert sur des tartines grillées, le plus souvent en apéritif, mais aussi en accompagnement d'un bœuf en gelée ou tout simplement d'un poisson au court-bouillon.

Pour 6 personnes

Préparation : 15 min

Ingrédients

300 g d'olives noires ou vertes
200 g de filets d'anchois
200 g de câpres égouttées
1 gousse d'ail (facultatif)
1 cuil. à soupe de thym émietté
4 cuil. à soupe d'huile d'olive
Poivre du moulin

✦ Dénoyauter les olives, de préférence au dénoyauteur, sinon avec un couteau pointu bien aiguisé.
✦ Rincer les câpres.
✦ Éplucher l'ail et fendre la gousse en deux pour retirer le germe.
✦ Éponger les filets d'anchois entre 2 feuilles de papier absorbant, puis couper grossièrement.
✦ Dans un mortier, placer les olives, l'ail, les câpres, les anchois, le thym et monter à l'huile d'olive, avec un pilon, jusqu'à obtenir une pâte épaisse.
✦ Goûter et poivrer selon votre goût.

Le secret de ma mère

Ma mère en a toujours un peu d'avance, elle la conserve 1 mois en mettant une fine pellicule d'huile à sa surface.

Bon à savoir

~ **Rapide.** Vous pouvez aussi utiliser un mixeur ou un hachoir électrique au risque de faire grincer les dents des puristes.

~ **Le pain.** Les petits pains suédois se marient à merveille avec la tapenade, alliance du Nord et du Sud...

~ **Avec des pâtes.** Diluée avec un peu d'huile d'olive, la tapenade parfume délicatement un plat de pâtes très ordinaire.

~ **En entrée.** La tapenade accompagne avec bonheur de petites boulettes de chèvre frais que l'on roule dans la pâte d'olive et que l'on sert avec une salade de roquette par exemple.

VARIANTE

Tapenade au thon. Avec ou sans ail, mais aussi avec ou sans jus de citron ou encore en mixant 100 g de thon à l'huile avec les anchois, vous obtiendrez toute une palette de tapenades maison, jusqu'au dosage parfait qui fera de cette dernière votre tapenade, celle qui ne ressemblera qu'à vous.

Suggestion de menu

~ *La tapenade de Maman*
~ Congre en raïto, 176
~ Crème brûlée aux calissons, 252

Un bandol blanc

Choix des olives
Vertes ou noires, elles devront être charnues, un peu grasses et faciles à dénoyauter. Préférez des olives noires de Grèce aux olives de Nyons, qui sont délicieuses mais difficiles à dénoyauter. Si vous préférez les olives vertes, vous pouvez trouver des olives vertes déjà dénoyautées ou préférer des olives vertes ayant mariné et qui donneront à la tapenade un goût plus prononcé.

Tartine à la tapenade et à l'omelette

Le plaisir de la terrasse, le soir à la fraîche... en Provence encore plus qu'ailleurs, après une longue journée où le soleil s'en est donné à cœur joie. C'est le moment du vin de noix, du vin d'orange, du pastis, du rosé bien frais ou de la mauresque. C'est le moment aussi de déplier les nappes colorées et de préparer un beau buffet à base de tartines, de salades composées en accord avec les couleurs chaudes de la vaisselle, de radis tout croquants, d'olives charnues, de petites tomates cerises tiédies par le soleil. Bref, un instant magique de convivialité et de bonne humeur.

Pour 6 personnes

Préparation : 10 min
Cuisson : 10 min

Ingrédients

6 tranches de pain de campagne un peu rassis
6 cuil. à soupe de tapenade (p. 18)
3 œufs
3 petits oignons blancs
10 brins de persil plat
1 cuil à café d'huile d'olive
1 cuil à café d'eau
Sel, poivre du moulin

Pour l'accompagnement
1 botte de petits oignons blancs

Préparation de l'omelette

✦ Éplucher et émincer finement les oignons blancs, équeuter et hacher le persil.
✦ Casser les œufs, les battre en omelette à l'aide d'une fourchette en ajoutant 1 cuil. à café d'eau et 1 cuil. à café d'huile, puis les oignons émincés et le persil.
✦ Saler et poivrer.
✦ Dans une poêle antiadhésive, préparer 3 fines omelettes.
✦ Les découper en lanières de 1 cm de large environ.

Préparation des tartines

✦ Couper 6 belles tranches de pain de campagne un peu épaisses dans du pain de la veille. Passer les tartines au grille-pain ou sous le gril du four. Les recouvrir d'une bonne épaisseur de tapenade.
✦ Décorer avec les lanières d'omelette disposées en diagonale.
✦ Servir avec de petits oignons blancs crus.

VARIANTE

Apéritif. Sur votre table d'apéritif, disposez, à côté des tartines, une mousse de thon, une anchoïade et quelques radis ou quelques feuilles de salade romaine. Vous aurez ainsi une sorte de kémia ou de mezzé provençal... N'oubliez pas les boissons fraîches : sirop d'orgeat pour les enfants, rosé pour les grands ou un vin blanc frais bien fruité qui préparera vos palais pour la suite de la soirée.

Suggestion de menu

~ *Tartine à la tapenade et à l'omelette*

~ Lotte au fenouil, 164

~ Faux soufflé aux abricots, 256

Un côtes de provence rosé

Toasts de grive...
sans grive

La chasse aux grives est désormais interdite, mais ma mère a su recréer, avec cette terrine, le goût de la grive d'antan que nous aimions tant dans les fameux pâtés d'Oraison qui ont jalonné mon enfance. Ouvrir un de ces pâtés célébrait parfois une arrivée tardive et à l'improviste ou un dimanche de fête du mois d'août. Ces pâtés artisanaux continuent d'être fabriqués à Oraison par notre ami Jacques Berger et son beau-frère Patrick Blanc.

Pour 6 personnes

Préparation : 20 min
Cuisson : 20 min

Ingrédients

3 beaux foies de lapin
3 fines tranches de barde de lard
12 tranches de pain de mie
12 à 15 baies de genièvre
2 cuil. à soupe d'huile d'arachide ou de graisse d'oie
Huile de noix
Sel, poivre du moulin

✦ Envelopper chaque foie dans une barde de lard.

✦ Poêler les foies dans 2 cuil. à soupe d'huile chaude ou, mieux encore, dans de la graisse d'oie.

✦ Laisser cuire 10 min à feu doux et à couvert.

✦ Quand les foies et les bardes sont cuits, les hacher finement au moulin ou au mixeur, avec le genièvre, le jus de cuisson, le sel et le poivre.

✦ Placer ce mélange dans un bol en porcelaine et mettre le bol à chauffer au bain-marie, dans une casserole, pendant 10 min.

✦ Faire griller des toasts au moment de passer à table, y étaler le pâté de grive, sans grive, et accompagner le tout d'une salade verte parfumée à l'huile de noix.

Le secret de ma mère

Ma mère ajoute un trait de gin à sa préparation, ce qui accentue délicatement le goût du genièvre.

Bon à savoir

Minceur. Vous pouvez vous passer des toasts au pain et servir ce pâté accompagné de feuilles de romaine et de tomates-cerises.

Variante

En l'absence de foies de lapin, j'utilise des **foies de volaille**. Je les prépare de la même manière et, pour sophistiquer ma présentation, j'utilise parfois de toutes petites coupes individuelles que je décore ensuite avec un brin de romarin et une olive verte. Sinon, dans une terrine classique, cette préparation se conserve facilement une bonne semaine si l'on prend la précaution de recouvrir sa surface de film étirable, ce qui évite à la terrine de trop noircir sur le dessus.

Suggestion de menu

~ *Toasts de grive... sans grive*
~ Gigot d'agneau de Lure aux blettes, 140
~ Fraises en salade au basilic, 239

Un saint-joseph rouge

Tartine aux poivrons grillés
et aux anchois

Pour 6 personnes

Préparation : 10 min
Cuisson : 30 min

Ingrédients
6 tranches de pain de campagne un peu rassis
30 filets d'anchois roulés à l'huile d'olive
1 cuil. à soupe de câpres
1 gousse d'ail
Quelques brins de coriandre fraîche
Huile d'olive

Poivrons grillés
2 poivrons rouges
2 poivrons verts
Huile d'olive
Sel, poivre

Choix des anchois
J'utilise, pour l'esthétique, des filets d'anchois déjà roulés, mais vous pouvez tout à fait faire cette petite préparation vous-même en roulant avec délicatesse les filets d'anchois à l'huile en escargots très serrés.

Les poivrons grillés

✦ Préchauffer le four en position gril pendant 15 min.

✦ Rincer les poivrons entiers, puis les sécher au papier absorbant et les mettre dans un plat de cuisson ou sur la lèchefrite recouverte de papier aluminium.

✦ Placer sous le gril en choisissant plutôt la position haute et laisser la porte du four entrouverte. Faire griller en retournant souvent les poivrons à l'aide d'une longue fourchette, ceux-ci doivent noircir sans pour autant brûler (plus les poivrons seront noirs et boursouflés, plus ils seront faciles à peler), ne pas craindre de les laisser trop longtemps : si vous veillez au grain, rien ne peut arriver de désastreux... Compter 30 à 35 min de cuisson, selon la puissance du four.

✦ À la sortie du four, placer les poivrons dans un saladier recouvert d'un film alimentaire et les laisser refroidir. Ils seront plus faciles à peler une fois refroidis et vous éviterez de vous brûler les doigts avec le jus...

✦ Une fois qu'ils sont refroidis, peler délicatement les poivrons, les équeuter, ôter les membranes blanches et toutes les petites graines, puis couper la chair en fines lanières.

✦ Disposer les lanières dans un plat avec un peu de sel et de poivre et un filet d'huile d'olive.

Préparation des tartines

✦ Découper 6 belles tranches de pain de campagne de la veille, arroser d'huile d'olive et les passer sous le gril du four le temps de les faire dorer.

✦ À leur sortie, les frotter d'ail avec la gousse entière.

✦ Disposer les lanières de poivrons rouges et verts en croisillon sur les tartines.
✦ Poser les anchois roulés dans les losanges formés par les croisillons, en alternance avec les câpres.
✦ Décorer avec quelques brins de coriandre.

BON À SAVOIR

Rapide. On trouve aujourd'hui en bocaux des poivrons rouges déjà grillés. Rien ne vous empêche alors de n'utiliser que des poivrons rouges déjà préparés. Si vous avez l'occasion d'aller en Espagne ou au Pays basque, faites le plein et rapportez quelques bocaux : le choix est plus grand qu'en France, le prix moins élevé et le goût encore meilleur. Les Espagnols décorent leurs paellas avec ces lanières de poivrons rouges.

VARIANTES

Salade de poivrons confits aux anchois. Oublier les tartines et présenter la salade de poivrons confits, à l'assiette : dans chaque assiette, sur la salade de poivrons, placer 3 filets d'anchois en étoile.

Suggestion de menu

~ *Tartine aux poivrons grillés et aux anchois*
~ Lapin aux aubergines et au pistou, 120
~ Sorbet au nougat, 279

Un coteaux d'aix-en-provence rosé

Tartine au thon
et aux courgettes

Pour 6 personnes

Préparation : 10 min
Marinade des courgettes : 30 min
Cuisson : 5 min

Ingrédients

6 tranches de pain boule
250 g de thon germon (thon blanc en filets)
3 petites courgettes belles et bien fermes
1 bouquet de ciboulette
Quelques gouttes de sauce soja
2 cuil. à soupe d'huile d'olive
Sel, poivre du moulin

Préparation des courgettes

✦ Laver et essuyer les courgettes, sans les éplucher.

✦ Découper des rondelles les plus fines possibles à l'aide d'un bon couteau.

✦ Placer les rondelles dans un saladier avec l'huile d'olive, la sauce soja et 2 tours de moulin à poivre.

✦ Laisser les courgettes mariner au frais 30 min.

✦ Pendant ce temps, ciseler la ciboulette et faire griller le pain au grille-pain.

Présentation des tartines

✦ Disposer les rondelles de courgettes marinées en écaille sur les tartines, c'est-à-dire qu'elles doivent se chevaucher un peu.

✦ Effeuiller le thon et le répartir sur les tartines.

✦ Saupoudrer de ciboulette ciselée.

Le secret de ma mère

~ **Couleurs.** Quand elle prépare des buffets d'été avec différentes sortes de tartines, elle les dispose en alternant les couleurs et les formes.

~ **Déco.** Elle choisit des assiettes transparentes pour mettre en valeur les couleurs naturelles des poivrons, des tomates, des courgettes ou de la tapenade.

Bon à savoir

Choix du thon. Vous pouvez utiliser des filets de thon blanc, mais si vous avez l'occasion d'acheter du thon germon, vous aurez ainsi le nec plus ultra des thons, de délicieux filets fins et goûteux.

Suggestion de menu

Un buffet d'entrées variées
avec toutes les tartines possibles :
caviar d'aubergines, tapenade, mousse de thon
et quelques terrines de légumes
En dessert, un gâteau à l'orange,
des oreillettes et des fruits frais de saison

Un côtes de provence rosé

Tartine au caviar d'aubergines
et au chèvre frais

Pour 6 personnes

Préparation : 10 min
Cuisson : 3 à 4 min

Ingrédients
6 tartines de pain de campagne de la veille
450 g de caviar d'aubergines (recette p. 62)
2 chèvres frais
10 feuilles de basilic
24 petites olives noires de Nice
1 filet d'huile d'olive
Sel, poivre du moulin

✦ Avec une cuillère parisienne, prélever de petites boules de chèvre frais.

✦ Dénoyauter les olives et les couper en bâtonnets.

✦ Faire griller les tartines au grille-pain ou les passer rapidement sous le gril du four.

✦ Les tartiner d'une bonne épaisseur de caviar d'aubergines. Répartir les boules de fromage sur le caviar d'aubergines. Parsemer de bâtonnets d'olives noires. Décorer de feuilles de basilic. Arroser d'un filet d'huile d'olive, saler, poivrer et servir aussitôt.

Bon à savoir

Rapide. Il existe du caviar d'aubergines tout prêt sous différentes marques, le prix fait en général la différence. J'aime assez celui qui est présenté en bocal.

Variante

Tartine au caviar d'aubergines et à la mozzarella. Remplacer le chèvre frais par de la mozzarella de bufflonne.

Suggestion de menu

~ *Tartine au caviar d'aubergines et au chèvre frais*
~ Estouffade d'agneau de Tante Colette au rosé de Pierrevert, 135
~ Pêches rôties au sirop d'érable, 262

Un coteaux de pierrevert rosé

Tartine au chèvre frais
et aux poivrons rouges

Préparation des poivrons

✦ Faire griller les poivrons et les peler comme indiqué dans la recette p. 22.

✦ Faire chauffer 1 cuil. à soupe d'huile d'olive et ajouter la chair des poivrons grillés découpée en lanières ainsi que les filets d'anchois entiers. Laisser fondre les anchois 3 à 5 min jusqu'à obtenir un liant.

✦ Laisser refroidir.

Préparation des tartines

✦ Faire griller les tranches de pain au grille-pain.

✦ Placer les lanières de poivrons en croisillons sur les tartines, qui seront ainsi bien imbibées d'anchois.

✦ Écraser les chèvres frais en y mélangeant la ciboulette ciselée.

✦ Confectionner des petites boules de chèvre et les placer dans les losanges formés par les croisillons.

✦ Saler (pas trop si les anchois sont très salés) et poivrer avant de servir.

Pour 6 personnes

Préparation : 10 min
Cuisson : 35 min

Ingrédients

6 tranches de pain de campagne
6 petits chèvres frais
4 poivrons rouges
1 bouquet de ciboulette
3 filets d'anchois
3 cuil. à soupe d'huile d'olive
Sel, poivre du moulin

Suggestion de menu

~ *Tartine au chèvre frais et aux poivrons rouges*
~ Estouffade d'agneau à la purée d'ail, 136
~ Pêches rôties au sirop d'érable, 262

Un châteauneuf-du-pape rouge

Tartine à la tomate
et au chèvre sec

Le marché de Forcalquier, qui se tient chaque lundi matin, reste un moment fort d'un séjour en Haute-Provence. Pris d'assaut par les vacanciers durant l'été et les longs week-ends, il redevient lui-même au cœur de l'hiver, quand le mistral oblige à ne pas traîner plus que de raison devant les étals. J'aime y arriver de bonne heure, j'entends vers 9 heures, pas plus tôt car, même au plus gros de l'été, c'est à cette heure-là seulement que s'installent les marchands. À partir de 11 heures, les jours de grande affluence, on n'y circule qu'avec peine, perdant alors tout le plaisir de cette escapade gourmande. Notre chevrière préférée, Rose-Marie, a malheureusement choisi de nous quitter l'an dernier, mais pendant des années, nous lui avons été fidèles car elle fabriquait, et de loin, les meilleures tomes à l'ancienne que je n'ai eu depuis le loisir de déguster.

Pour 6 personnes

Préparation : 5 min
30 min à l'avance
Cuisson : 4 min

Ingrédients

6 tranches un peu épaisses de gros pain de campagne
6 petits chèvres plats
7 tomates olivettes
2 gousses d'ail
1 pincée de fleur de thym émiettée
3 cuil. à soupe d'huile d'olive
Sel, poivre du moulin

La concassée de tomates

✦ Laver et essuyer les tomates avec un papier absorbant, puis les découper en petits dés. Les placer dans un saladier avec la moitié de la fleur de thym émiettée et 2 cuil. à soupe d'huile d'olive, du sel et du poivre.

✦ Éplucher et hacher les gousses d'ail en ayant pris soin d'ôter le germe central.

✦ Les ajouter aux tomates et laisser mariner 30 min.

Préparation des tartines

✦ Faire griller les 6 tranches de pain sous le gril du four, d'un côté seulement.

✦ Recouvrir la partie non grillée avec la concassée de tomates.

✦ Sur les tomates, disposer le chèvre (coupé en deux, s'il est épais), saupoudrer avec le reste de fleur de thym et napper d'un filet d'huile d'olive.

✦ Passer à nouveau 4 min sous le gril du four.
✦ Poivrer avant de servir.

Choix du fromage
Pour cette recette, j'utilise des tomes plates, pas trop faites, ou des pélardons un peu secs.

Bon à savoir

Rapide. Si vous n'avez pas de fleur de thym, émiettez finement du thym frais entre vos doigts.

Variante

Si vous vous trouvez en Provence, utilisez plutôt de la **sarriette** dite ici « pebre d'ail ».

Suggestion de menu

~ *Tartine à la tomate et au chèvre sec*
~ Filet de bœuf au pistou, 152
~ Soupe de clémentines aux épices, 264

Un collioure rouge

Les soupes

Soupe de moules
aux ravioles de Romans

La soupe de moules est le plat favori de Pierre, mon beau-père. Chaque Noël, je peaufine pour lui ma recette, j'essaie de nouvelles variantes et celle-ci a conquis toute la famille : c'est un mélange entre la recette « de base » de cette soupe, telle que la faisait ma grand-mère, et un petit emprunt à la Drôme où sont fabriquées les ravioles...

Pour 6 personnes

Préparation : 40 min
Cuisson : 10 à 15 min

Ingrédients

2 litres de moules de bouchot
6 plaques de ravioles
1 tige de fenouil
1 feuille de laurier
4 gousses d'ail
2 beaux oignons
6 cuil. à soupe d'huile d'olive
1 dose de safran
2 tomates bien mûres
1 litre d'eau
Gros sel
Poivre

Pour servir
Gruyère râpé

Les moules

✦ Le plus long est de nettoyer correctement les moules. Un poissonnier coopératif le fera sans problème. Sinon, avec un bon couteau, frotter les moules les unes contre les autres et les gratter pour enlever les petites algues et les petits coquillages calcaires (cela prend du temps et fait un peu mal aux mains). Rincer à l'eau courante, mais surtout, ne pas faire séjourner les moules dans l'eau sale, elles sont fragiles.

✦ Une fois cette tâche accomplie, tout va très vite...

✦ Dans une cocotte posée sur feu vif, placer les moules et les couvrir avec 1 litre d'eau qui servira au fond de soupe. Prélever les moules avec une écumoire, au fur et à mesure qu'elles s'entrouvrent.

✦ Hacher les oignons, peler les tomates (pour cela les plonger 20 s dans de l'eau bouillante, la peau se détachera plus facilement), les épépiner et concasser grossièrement leur chair.

✦ Dans une autre cocotte, faire roussir dans l'huile d'olive les oignons, les tomates, le fenouil entier, le laurier, le safran et ajouter les gousses d'ail pelées et dégermées, du gros sel, et enfin l'eau des moules.

✦ Faire réduire 10 min, ajouter les moules débarrassées de leurs coquilles et mélanger intimement pour qu'elles s'imprègnent des saveurs de la soupe.

✦ Quelques minutes avant de servir, jeter les ravioles dans la soupe, le temps de les voir apparaître à la surface, elles seront cuites. Poivrer.
✦ Servir avec du gruyère râpé.

Les ravioles
On trouve désormais des ravioles chez tous les bons fromagers et même en surgelés (dans ce cas, ne pas les décongeler avant de les plonger dans l'eau bouillante).

Bon à savoir

~ **Rapide.** Pour une soupe express, utilisez des moules surgelées sans leurs coquilles (lire le mode d'emploi sur le sachet). La soupe n'a pas exactement la même saveur à cause de l'absence de l'eau de leur cuisson. Dans ce cas, je force un peu sur le gros sel et sur le safran.
~ **Minceur.** Supprimez les ravioles et le gruyère râpé.

Suggestion de menu

~ *Soupe de moules aux ravioles de Romans*
~ Dorade en croûte de sel, 172
~ Le gâteau rouge d'Hilary, 240

Un cassis blanc

La bouillabaisse
retour du Vieux-Port

C'est une soupe à réaliser en Provence ou au bord de la Méditerranée, car les petits poissons de roche qui la composent sont très difficiles à trouver ailleurs et s'exportent peu. Elle requiert un certain temps de préparation car ces poissons sont truffés d'arêtes et nécessitent d'être passés plusieurs fois au tamis, mixeur, chinois, pour ne pas se glisser en travers de votre gosier... Cependant, vous ne regretterez pas le temps passé. Le plaisir de vos convives vous récompensera de tous vos efforts.

Pour 6 personnes

Préparation : 1 h 30
Cuisson : 15 à 20 min (soupe)
20 min (pommes de terre)

Ingrédients

1 kg de poissons de roche (rascasses, rouquiers, girelles, serrans, murènes, lucrèces...), les tout-petits ont ma préférence
3 tranches de congre pour épaissir la soupe
3 belles pommes de terre (belles de Fontenay)
2 gousses d'ail
1 tige de fenouil
3 gros oignons
1 brin de sarriette
1 feuille de laurier
3 cuil. à soupe de coulis de tomate

La soupe

✦ Faire blondir les oignons émincés dans un fond d'huile d'olive.
✦ Ajouter les gousses d'ail écrasées débarrassées de leur germe, le coulis de tomate, le laurier, le fenouil, la sarriette, du sel et du poivre.
✦ Placer les poissons entiers dans la marmite et couvrir avec 2 litres d'eau froide.
✦ Laisser bouillir 15 min.
✦ Prélever un peu de ce bouillon pour la rouille.
✦ Le plus dur est à venir... Quand les poissons sont cuits, les passer au mixeur ou au moulin à légumes, grille fine. Continuer l'opération jusqu'à ne plus avoir du tout de chair ni d'arêtes mais un coulis odorant, de belle couleur rousse.
✦ Redonner un coup de bouillon à la soupe avant d'ajouter le safran et les pommes de terre coupées en gros cubes. Laisser cuire les pommes de terre 20 min.

Préparation des croûtons

✦ Couper les tranches de pain en petits cubes et les faire revenir avec un peu d'huile d'olive dans une poêle, sur feu doux.

La rouille

✦ Dans un mortier, écraser 1 cuil. à café de gros sel, les gousses d'ail débarrassées de leur germe et le petit piment égrené, ajouter le jaune d'œuf, la mie de pain, le safran et monter à l'huile d'olive.

✦ Ajouter 2 cuil. à soupe de bouillon de poissons.

À table !

✦ Présenter la rouille dans son mortier et la soupe dans sa soupière, le parmesan et les croûtons de pain à part.

Le secret de ma mère

~ **Épaissir.** Ma mère utilise une pomme de terre cuite pour épaissir sa rouille à la place de la mie de pain.

~ **Crabes.** Si elle trouve des favouilles (petits crabes) au marché, elle les ajoute entiers à la soupe 6 à 7 min avant la fin de la cuisson des pommes de terre.

~ **Parfum d'orange.** Quant à ma grand-mère, elle ajoutait à son bouillon une écorce d'orange.

Bon à savoir

Rouille. Si vous aimez la rouille bien pimentée, n'égrenez pas totalement le piment : plus vous garderez de graines, plus la rouille sera piquante.

Suggestion de menu

~ La soupe de poissons se suffit à elle-même
et cale les appétits les plus féroces

~ Melon glacé à l'hydromel, 55

Un cassis blanc, un bandol blanc
ou encore un cépage viognier (La Blaque)

1 dose de safran
6 tranches de pain de la veille
4 cuil. à soupe d'huile d'olive
Gros sel
Sel, poivre du moulin

La rouille

1 jaune d'œuf
3 gousses d'ail
2 cuil. à soupe de bouillon de cuisson des poissons
1 dose de safran
Un peu de mie de pain mouillée
1 petit piment perroquet
3 cuil. à soupe d'huile d'olive

Pour servir

Parmesan à volonté

Choix des poissons

Laissez-vous guider par votre poissonnier et, si vous n'êtes pas en Provence, adaptez-vous à la production locale.
Si vous êtes près de Marseille, n'hésitez pas à vous rendre de bonne heure sur le Vieux-Port pour acheter ces poissons de roche, tout droit sortis de la préhistoire avec leurs piquants et leurs drôles de têtes...

Soupe de potimarron de mon jardin

C'est une soupe rapide, car le potimarron ne s'épluche pas. Il est très nourrissant, et cette soupe constitue chez nous un repas du soir facile et original pour les inconditionnels de la soupe à tout âge.

Pour 6 personnes

Préparation : 15 min
Cuisson : 15 min

Ingrédients

1 potimarron
1 oignon
1 feuille de laurier
1 brin de thym
1/2 litre de lait
4 cuil. à soupe d'huile d'olive
1 pincée de cannelle
1 morceau de sucre

Pour servir
Crème fraîche
Persil plat

✦ Laver le potimarron, l'essuyer avec du papier absorbant et le couper en gros cubes sans l'éplucher, en enlevant juste les graines.

✦ Dans un autocuiseur, faire chauffer l'huile d'olive et faire blondir l'oignon coupé en rondelles épaisses. Faire revenir ensuite les cubes de potimarron, ajouter le morceau de sucre, la cannelle, le thym, le laurier et couvrir avec 25 cl de lait. Fermer l'autocuiseur. Une fois la cocotte sous pression, compter 15 min de cuisson.

✦ Mixer le tout avec le lait froid ou passer au moulin à légumes, grille fine.

✦ Vous pouvez ajouter un peu de crème fraîche ou du persil ciselé avant de présenter dans des assiettes creuses et chaudes.

LE SECRET DE MA MÈRE

Ma mère ajoute un rien de muscade ou de 4-épices à sa soupe, ce qui accentue le côté oriental de ce mets, et elle préfère la coriandre au persil.

BON À SAVOIR

~ **Rapide.** Je cuisine toujours cette soupe à l'autocuiseur, mais vous pouvez préférer une cuisson traditionnelle. Dans ce cas, ajoutez un bon litre d'eau au lait.

~ **Chauffer les assiettes.** Les mettre 15 min au four à 60 °C (th. 2).

~ **Soupe plus liquide.** Si vous aimez la soupe liquide et non pas la soupe épaisse qui tire vers la purée, remplacez le lait par de l'eau et ajoutez un trait de crème liquide avant de servir.

VARIANTE

Soupe de potiron ou de courge. En l'absence de potimarron, j'utilise de la courge, du potiron ou tout autre cucurbitacée qui fleurisse ces dernières années, même dans les hypermarchés... Le gros avantage du potimarron, je l'ai dit, est qu'il ne s'épluche pas.

Suggestion de menu

~ *Soupe de potimarron de mon jardin*
~ Blancs de poulet aux pignons, 134
~ Gâteau au citron d'Hyères, 244

Un baux de provence rouge
(Château Romanin, Saint-Rémy-de-Provence)

Soupe d'asperges sauvages des Pourcelles

Si vous avez la chance, au début du printemps, de ramasser des asperges sauvages au pied des oliviers des Pourcelles, un hameau situé entre Dabisse et Oraison, vous aurez un avant goût de Paradis, sinon, il faudra vous contenter d'acheter ces mêmes asperges chez votre marchand de légumes et ce sera, non pas le Purgatoire, mais déjà un grand pas réalisé en direction de l'Éden...

Pour 6 personnes

Préparation : 20 min
Cuisson : 20 à 35 min

Ingrédients

500 g d'asperges sauvages ou, à défaut, d'asperges vertes
3 belles échalotes
4 cuil. à soupe de beurre
20 cl de crème fraîche épaisse
Quelques morilles fraîches ou séchées
Gros sel
Poivre du moulin

✦ Dans une grande poêle, faire revenir les échalotes hachées, dans le beurre.
✦ Faire cuire les asperges dans 1 litre 1/2 d'eau bouillante, entre 10 et 15 min selon qu'il s'agit d'asperges sauvages ou d'asperges vertes.
✦ Ajouter les asperges aux échalotes et couvrir avec la moitié de l'eau de cuisson.
✦ Ajouter la crème fraîche, laisser mijoter à petit bouillon 10 min.
✦ Passer la préparation au mixeur.
✦ Dans une poêle, faire dégorger les morilles que vous aurez préalablement découpées en quatre.
✦ Dans des assiettes creuses que vous aurez bien chauffées, disposer les morilles, puis une bonne louche de la soupe passée au besoin au chinois (passoire fine conique) et donner un tour de moulin à poivre.
✦ Déguster brûlant.

Bon à savoir

– **Choisir les asperges.** Les asperges sauvages se ramassent au début du printemps, au pied des oliviers ou dans les vignes. Ce sont de longues tiges très fines que l'on doit arracher avec beaucoup de précaution.

~ **Rapide.** Les asperges sauvages sont également délicieuses en omelettes ou en brouillades, dans ce cas, les faire cuire 10 min dans l'eau bouillante, les égoutter et ajouter les œufs et un peu de sel dans une poêle avec un fond d'huile d'olive.

~ **Chauffer les assiettes.** Les mettre 15 min au four à 60 °C (th. 2).

Suggestion de menu

~ *Soupe d'asperges sauvages des Pourcelles*

~ Pain de poulet en gelée au basilic, 130

~ Gâteau à l'orange, 248

Un arbois ou un côtes du jura (j'ai un faible pour le Pupillin, du nom d'un petit village du Jura) cépage poulsard (ou ploussard)

La soupe d'épeautre de Dédée

Notre amie Andrée Bonnet habite une délicieuse maison à Oraison, dans les Alpes de Haute-Provence. Elle a transformé une partie de cette vaste habitation en chambres d'hôte où chaque année se retrouvent les amoureux de la Haute-Provence et les adeptes de sa cuisine. Sur sa terrasse ombragée, comme se doivent de l'être les terrasses du Sud, elle sert des petits déjeuners mémorables et, parfois, aux plus intimes, des dîners dont elle seule a le secret. Pour nous, elle a accepté d'ouvrir son livre de cuisine et de nous faire partager son amour pour ce pays de plateaux et de lavande. C'est une soupe originale, typiquement provençale.

Pour 6 personnes

Préparation : 20 min.
Cuisson : 3 h

Ingrédients

6 petites poignées d'épeautre
1 becquet (manche pris dans un gigot de 1 bon kg) ou un morceau de couenne
3 ou 4 pommes de terre
2 carottes
1 navet
1 poireau
1 petite branche de céleri
1 petit oignon
2 gousses d'ail
3 ou 4 clous de girofle
Sel fin

Pour servir
Huile d'olive (facultatif)

Cuire la soupe

✦ Dans une marmite, poser le manche de gigot (becquet) et le recouvrir de 3 litres d'eau.
✦ Porter à ébullition en écumant au fur et à mesure.
✦ Quand l'eau bout, ajouter l'oignon épluché piqué des clous de girofle, les gousses d'ail pelées, le poireau découpé en rondelles, la branche de céleri, les carottes pelées et laissées entières, les pommes de terre épluchées coupées en quatre, le navet épluché, du sel et 1 poignée d'épeautre par convive.
✦ Faire cuire lentement pendant 3 h.

Servir

✦ On peut servir cette soupe sans la passer, mais en la mixant, vous obtiendrez un délicieux potage.
✦ Si vous servez la viande et les légumes à part, on dira que vous mangez cette soupe en *bajana.*
✦ Vous pouvez arroser les légumes d'huile d'olive.

Bon à savoir

– **L'épeautre.** C'est une céréale rustique, proche du blé, cultivée près du mont Ventoux et sur les plateaux de la Haute-Provence. Appelée aussi « riz de Provence », cette céréale peu répandue ailleurs qu'en Provence présente l'avantage de pousser même sur des sols médiocres. L'épeautre se trouve dans les magasins de diététique ou dans les épiceries fines.

Suggestion de menu

– *Soupe d'épeautre de Dédée*
– Filets de rougets à la pancetta et à la tapenade, 167
– Omelette grand-mère au pastis, 276

Un côtes du ventoux blanc

La soupe au pistou de Nène

La soupe au pistou de Nène, c'est ma Madeleine de Proust, mon petit coin d'enfance. Du temps de ma grand-mère maternelle, cette soupe, comme la daube, était la grande aventure de nos vacances. Elle demandait de la patience et des bras pour préparer les haricots, un mijotage long et rigoureux, et un appétit féroce.
La soupe au pistou, c'est aussi, chez nous, un interminable sujet de débat : est-elle d'origine ligure, génoise, niçoise ou autre ? Nul ne le sait.
Autre interrogation, quel fromage faut-il y mettre ? Du parmesan, du gruyère, du vieux hollande (bien connu dans la cuisine des Bouches-du-Rhône, héritage du troc des poissons de la mer du Nord contre le sel de Camargue), chaque famille a sa réponse et je dirai que, comme pour le couscous en Afrique du Nord, chaque ménagère a l'impression de posséder la meilleure recette et de réaliser la meilleure soupe au pistou du pays.

Pour 6 personnes

Préparation : 40 min
Trempage des haricots : 1 nuit
Cuisson : 3 h

Ingrédients

1 kg de haricots blancs (cosses blanches)
1 kg de haricots roses (cosses tachetées)
500 g de haricots verts
5 tomates
3 pommes de terre
4 courgettes
2 carottes
1 brin de céleri
1 couenne de lard ou de jambon cru
200 g de pâtes (de préférence des petits coudes)

La veille

✦Écosser les haricots blancs et les mettre à tremper dans de l'eau froide.

De bon matin, dans la maison endormie...

✦Éplucher les pommes de terre, les carottes et les courgettes (une bande sur deux). Écosser les haricots roses.
✦Faire bouillir dans une grosse bassine environ 5 litres d'eau salée avec du gros sel, une belle poignée suffit.
✦Jeter les haricots blancs et les haricots roses.
✦20 min après, ajouter les autres légumes après les avoir épluchés et coupés en petits cubes, ou en petits tronçons pour les haricots verts.
✦Faire cuire pendant 2 h 30 en ajoutant la couenne de lard ou de jambon cru.
✦Vérifier régulièrement la cuisson et touiller avec une cuillère en bois.
✦Si au bout de 2 h 30 les haricots blancs sont cuits, ajouter les

pâtes et respecter le temps de cuisson indiqué sur le paquet, en général 10 à 12 min. Sinon, continuer la cuisson encore 30 min et ajouter ensuite les pâtes.

Le pistou

Pendant la cuisson des pâtes :

✦ Plonger les tomates 20 s dans une casserole d'eau bouillante. Puis les passer sous l'eau froide. Ôter la peau et les graines, concasser la chair.

✦ Dans un mortier, placer les feuilles de basilic, les gousses d'ail débarrassées de leur germe et piler patiemment jusqu'à l'obtention d'une pommade. Ce n'est pas simple, car les gousses d'ail ont une fâcheuse tendance à sauter partout et cet exercice requiert un minimum de patience. En utilisant un bon mortier en marbre et un bon pilon, l'opération sera plus aisée.

✦ Ajouter les tomates concassées, puis l'huile d'olive à volonté et les fromages râpés. Mélanger délicatement.

✦ Stopper la cuisson de la soupe, verser le pistou dans la marmite et laisser infuser 15 min sans cuire, ce qui gâterait tout...

✦ Déguster brûlant en ajoutant, si bon vous semble, tel ou tel fromage à votre goût.

Le secret de ma mère

~ **Congélation.** Ma mère prépare toujours plus de soupe que de convives et, si nous en laissons, ce qui est rare il faut l'avouer, elle congèle les restes pour une autre occasion.

~ **Courgette.** Elle ajoute également une courgette non épluchée dans son eau de départ et l'écrase au fur et à mesure de la cuisson : cette courgette lui sert de liant.

Bon à savoir

Rapide. On peut réaliser cette soupe à l'autocuiseur : 40 min de cuisson suffisent, puis on ajoute les pâtes qui cuisent environ

Pistou
36 feuilles de basilic
10 gousses d'ail
1 tomate
150 g de gruyère
150 g de hollande (de préférence vieux)
150 g de parmesan
25 cl d'huile d'olive
Gros sel
Sel, poivre du moulin

Le choix du basilic

Vous pouvez opter pour du basilic à feuilles larges ou pour du basilic à petites feuilles, souvent plus parfumé. Il faudra alors un pot entier ou l'équivalent en volume d'un très gros bouquet si vous avez la chance de le ramasser dans votre jardin.
Selon les années et selon la pluviométrie, le basilic est plus ou moins parfumé.

Pistou

Le mot « pistou » vient de *piston* en provençal (*pistar* : piler, broyer).

10 min. J'avoue cependant que la saveur n'est pas rigoureusement la même... Un bon truc : commencez la cuisson la veille au soir, pendant un bon film à la télé ou une partie de tarot... et terminez le jour J par la cuisson des pâtes et la préparation du pistou.

Suggestion de menu

Tout le monde s'accorde à penser
que la soupe au pistou est un plat unique.
Les maniaques dégusteront un peu de jambon cru
en entrée et prépareront un dessert léger :
fraises au sucre ou un bon sorbet...

Un châteauneuf-du-pape rouge

Soupe de concombres et crevettes
aux tomates séchées

C'est une soupe d'été, fraîche et rapide à préparer et qui, grâce aux tomates séchées et aux crevettes, fait beaucoup d'effet sur une table, servie à l'assiette.

✦ Éplucher les concombres, les débarrasser de leurs graines, qui sont très indigestes.
✦ Dans un mixeur, placer les yaourts nature, les concombres grossièrement découpés en cubes, du sel et du poivre. Mixer longuement jusqu'à l'obtention d'une soupe bien liquide.
✦ Répartir dans les assiettes de service. Parsemer chaque assiette de quelques tomates séchées entières et de quelques crevettes roses déjà décortiquées.
✦ Décorer d'aneth finement ciselé.

Le secret de ma mère

Ma mère utilise des tomates mi-séchées, plus moelleuses que les tomates séchées à l'italienne. Elle les achète chez Oliviers & Co.

Pour 6 personnes

Préparation : 15 min
Repos au frais : 4 à 5 h

Ingrédients

200 g de petites crevettes roses décortiquées
2 concombres
125 g de tomates séchées
1 bouquet d'aneth
6 yaourts nature
Sel, poivre du moulin

Suggestion de menu

~ *Soupe de concombres et crevettes aux tomates séchées*
~ Travers de porc au miel et aux pêches, 112
~ Tarte aux figues tombées, 272

Un alsace riesling

Soupe glacée de concombre
à la menthe

Nous avons tous pris goût aux soupes froides servies les soirs de grande chaleur sur la terrasse. Déjà, les Marseillais se régalaient, il y a fort longtemps, de soupe au pistou froide. Mais les apports de la cuisine exotique ont encore enrichi la palette des possibles, avec le gaspacho notamment et toutes sortes de soupes froides. Nous avons adapté cette soupe de concombre à notre goût immodéré des yaourts grecs, enfin très largement commercialisés. Nous avions découvert ces yaourts il y a des années en Grèce, lors de nos voyages d'été et regrettions, à chaque retour, de ne pas pouvoir les savourer le reste de l'année. C'est chose faite aujourd'hui, puisqu'ils ont franchi les Balkans et se trouvent sur les rayons de tous nos supermarchés.

Pour 6 personnes

Préparation : 15 min
Repos au frais : 1 à 2 h

Ingrédients

6 yaourts grecs au lait de brebis de 150 g chacun
1 concombre 1/2
10 brins de menthe fraîche
1/2 citron (jus)
5 cuil. à soupe de miel d'acacia
2 cuil. à soupe d'huile d'olive
Sel fin

La soupe

✦ Dans un grand saladier, mélanger les yaourts, l'huile d'olive, le jus de citron et la menthe hachée.
✦ Saler très généreusement en vérifiant l'assaisonnement par étape.
✦ Laisser rafraîchir au moins 1 h.

La menthe et le concombre

✦ Laver et sécher la menthe et le concombre, mais sans peler ce dernier.
✦ Hacher les feuilles de menthe grossièrement.
✦ Couper le concombre en deux dans sa longueur. Puis détailler, si possible au robot, pour obtenir des tranches très fines et très régulières (demi-rondelles). À défaut de robot, utiliser une râpe ou un bon couteau et un peu de patience.

Au moment de servir

✦ Sortir la soupe du réfrigérateur, ajouter le concombre, mélanger et napper de miel d'acacia.

Bon à savoir

~ Vous pouvez éplucher et faire dégorger vos concombres dans du sel avant de les mélanger aux yaourts, car les concombres rendent beaucoup d'eau.

~ Si vous n'avez pas le temps de les faire dégorger, n'attendez pas plus de 1 h pour déguster la soupe, vous risqueriez sinon de trouver trop d'eau.

Variante

Rapide. Mixer 1 concombre, 4 yaourts bulgares, 1 verre de lait, 1 poignée de menthe fraîche, ajouter du sel et du poivre.

Suggestion de menu

~ *Soupe glacée de concombre à la menthe*

~ Moules aux épinards, 178

~ Tatin aux pommes,
romarin et miel caramélisé, 274

Un alsace riesling ou un sancerre blanc

Soupe glacée de melon

Pour 6 personnes

Préparation : 40 min
Cuisson : 5 min
Refrigération : 5 à 6 h

Ingrédients

3 beaux melons
1 oignon
3 brins de verveine
100 g de poudre d'amande
18 amandes effilées
2 cuil. à soupe de muscat
1/2 cuil. à soupe d'huile d'olive
Sel, poivre

Le lait d'amande

✦ Porter 25 cl d'eau à frémissement.

✦ Hors du feu, ajouter la poudre d'amande, laisser infuser 30 min.

✦ Pendant ce temps, peler et hacher l'oignon.

✦ Le faire fondre dans une poêle à feu doux dans 1/2 cuil. à soupe d'huile d'olive.

✦ Filtrer le lait d'amande et réserver.

Préparation des melons

✦ Couper les melons en deux, ôter tous les pépins à l'aide d'une cuillère à soupe.

✦ Avec une cuillère parisienne ou, à défaut, une petite cuillère à café, prélever des billes de melon sur un demi-melon.

✦ Les mettre dans un bol et arroser de muscat, elles serviront à décorer la soupe.

✦ Recouvrir d'un film étirable et laisser macérer au frais 5 à 6 h.

✦ Récupérer la chair des melons et la mixer avec la fondue d'oignons, le lait d'amande, du sel et du poivre.

✦ Placer également au frais 5 à 6 h couvert d'un film étirable.

Finition

✦ Avant de servir, répartir la crème dans des bols ou des assiettes creuses, parsemer de billes de melon, d'amandes effilées rapidement grillées à la poêle et de feuilles de verveine fraîches.

Bon à savoir

La verveine. Je trouve de la verveine fraîche au marché pendant l'été, et je la fais sécher pour préparer des infusions pendant l'hiver. J'ai aussi tenté de la surgeler pour la ciseler sur des fruits, mais je suis moins satisfaite du résultat : vous pouvez essayer à votre tour.

Suggestion de menu

~ *Soupe glacée de melon*
~ Petites cailles rôties à la cannelle et aux poireaux, 104
~ Glace à la verveine, 280

Un porto blanc ou le même muscat que celui qui a servi à la macération des melons

Soupe aux 3 poivrons

C'est le poivron d'Amérique, carré, court, à quatre lobes qui, aujourd'hui, représente le gros de la production de poivrons. Il existe 90 variétés hybrides pour une dizaine de variétés fixes. La couleur du poivron est trompeuse. Jeune, il est toujours vert, il peut devenir rouge, jaune, orange ou brun... Au fil des années, les poivrons sont devenus de plus en plus réguliers, beaux à regarder, hélas souvent au détriment du goût. J'ai trouvé récemment cette étonnante citation de Gide sur les poivrons : « Poivrons verts, rouges, dorés, énormes, rutilants, d'aspect si étrange que je reste gêné de ne rien trouver de plus à en dire. » Après avoir dégusté cette soupe, gageons que Gide aurait trouvé les mots qu'il fallait...

Pour 6 personnes

Préparation : 30 min
Cuisson : 40 min
Repos au frais : 2 à 3 h

Ingrédients

4 poivrons jaunes
3 poivrons rouges
1 poivron vert 1/2
1 gousse d'ail
3 cuil. à soupe de graines de cumin
1 cuil. à soupe de sucre en poudre
3 cuil. à soupe de vinaigre balsamique
3 cuil. à soupe d'huile d'olive
Sel, poivre
Quelques glaçons

Préparation des poivrons

✦ Commencer par rincer tous les poivrons et les sécher au papier absorbant. Mettre de côté 1 poivron jaune pour la décoration. Le couper en dés, réserver.

✦ Préchauffer le four en position gril pendant 15 min.

✦ Mettre les poivrons dans un plat de cuisson ou sur la lèchefrite recouverte de papier aluminium.

✦ Placer sous le gril en choisissant plutôt la position haute et laisser la porte du four entrouverte. Faire griller en retournant souvent les poivrons à l'aide d'une longue fourchette, ceux-ci doivent noircir sans pour autant brûler (plus les poivrons seront noirs et boursouflés, plus ils seront faciles à peler), ne pas craindre de les laisser trop longtemps : si vous veillez au grain, rien ne peut arriver de désastreux... Compter 25 à 30 min de cuisson, selon la puissance du four.

✦ À la sortie du four, placer les poivrons dans un saladier recouvert d'un film alimentaire et les laisser refroidir. Ils seront plus faciles à peler une fois refroidis et vous éviterez de vous brûler les doigts avec le jus...

✦ Une fois qu'ils sont refroidis, peler délicatement les poivrons, les équeuter, ôter les membranes blanches et toutes les petites graines, puis couper la chair en fines lanières.

Confit de poivron vert

✦ Couper le poivron vert en deux, l'émincer finement.

✦ Passer la gousse d'ail sous l'eau, l'éplucher et l'écraser avec un presse-ail ou une fourchette.

✦ Dans une poêle, faire chauffer 1 cuil. à soupe de vinaigre balsamique et 1 cuil. à soupe d'huile d'olive. Ajouter le poivron vert et l'ail. Mélanger intimement et laisser confire sous un couvercle pendant 20 min à tout petit feu. Réserver au frais.

La soupe de poivrons

✦ Mixer les autres poivrons jusqu'à l'obtention d'une purée bien fine. Ajouter 1/2 verre d'eau, 2 cuil. à soupe de vinaigre balsamique et l'huile d'olive restante. Saler et poivrer puis mettre au frais 2 à 3 h.

✦ Au moment de servir, remplir des assiettes creuses ou des jolis bols transparents. Dans chaque assiette ajouter, comme pour le gaspacho, quelques glaçons, les graines de cumin et quelques dés de poivron jaune.

✦ Terminer par 1 cuillerée de poivron vert confit.

LE SECRET DE MA MÈRE

Ma mère ajoute 1 yaourt bulgare, ce qui rend la soupe onctueuse et aussi un trait de Tabasco, comme pour le gaspacho, ou encore 1 cuil. à café de curcuma.

Suggestion de menu

~ *Soupe aux 3 poivrons*

~ Papeton d'aubergines et tranches de thon grillées, 190

~ Tatin aux pommes, romarin et miel caramélisé, 274

Un côtes du luberon rouge

Les entrées

Melon glacé au vin de framboise

Pour 6 personnes

Préparation : 20 min
Macération : 40 jours

Ingrédients
6 petits melons
ou 3 gros melons

Vin de framboise
500 g de framboises
1 citron
1/2 litre d'eau-de-vie
à 45°
2 bouteilles
de vin rouge
(côtes du ventoux,
par exemple)
400 g de miel liquide
de l'année

Le vin de framboise

✦ Faire fondre le miel quelques secondes au four à micro-ondes s'il est un peu épais, ajouter l'eau-de-vie et fouetter longuement.

✦ Dans un bocal, laisser macérer les framboises, le mélange miel et eau-de-vie, le vin, le citron coupé en rondelles.

✦ Patienter 40 jours : les 3 premiers jours, agiter le bocal au moins une fois par jour.

Le jour J

✦ Filtrer le vin et le verser dans de jolies bouteilles.

✦ Placer les melons à rafraîchir dans le bas du réfrigérateur.

✦ Couper les melons en deux et, à l'aide d'une cuillère parisienne, prélever des petites billes de chair de melon. Les répartir soit dans les « coques » des melons, soit dans de jolies coupes transparentes.

✦ Servir avec 1 verre de vin de framboise bien frappé.

Suggestion de menu

~ *Melon glacé au vin de framboise*
~ La daube de bœuf du dimanche, 150
~ Gnocchis aux pommes de terre nature, 218
~ Les fraises de Clara, 238

Un côtes du ventoux rouge

Melon glacé à l'hydromel

Pour rafraîchir leur melon, les Provençaux utilisent, en lieu et place du porto ou du banyuls, de l'hydromel (alcool tiré de la fermentation du miel) ou du vin de noix.

✦Faire rafraîchir les melons dans le bas du réfrigérateur.

✦Couper les melons en deux et découper leur chair en petites billes avec une cuillère parisienne. Les répartir soit dans les « coques » de melon, soit dans des jolies coupes transparentes. Verser dessus 1 verre d'hydromel par personne.

VARIANTE

Melon glacé au vin de noix. Remplacer l'hydromel par du vin de noix bien frais (recette p. 296). La distillerie de Forcalquier propose un vin de noix très agréable.

Suggestion de menu

~ *Melon glacé à l'hydromel*
~ La Madelon de Tatette, 158
~ Fraises en salade au basilic, 239

Un cassis blanc

Pour 6 personnes

Préparation : 5 min

Ingrédients

6 petits melons
6 verres d'hydromel

L'hydromel
Sur le marché de Forcalquier, on trouve de très bons producteurs d'hydromel. Cependant, d'autres régions comme la Bretagne, produisent de l'hydromel et on en trouve chez la plupart des bons cavistes.

Rillettes d'anchois

Ces rillettes d'anchois font une entrée fraîche en accompagnement de quelques tomates en salade.

Pour 6 personnes

Préparation : 10 min
Repos au frais : 1 h

Ingrédients
2 oignons frais
3 gousses d'ail
3 brins de thym frais
125 g d'anchois en filets
1 boîte (250 g) de St Môret au naturel

✦ Éplucher les oignons frais et les gousses d'ail en enlevant le germe central.
✦ Dans un mixeur, placer les oignons coupés en 6 morceaux chacun, les anchois égouttés, l'ail, le thym émietté, le St Môret et mixer jusqu'à l'obtention d'une pâte tartinable.
✦ Mettre au frais 1 h avant de servir.

Le secret de ma mère

Ces rillettes se conservent au congélateur. Ma mère en prépare le double en quantité et garde ainsi une entrée expresse sous la main.

Suggestion de menu

~ *Rillettes d'anchois*
~ Thon rouge à la provençale, 182
~ Gâteau au citron d'Hyères, 244

Un cassis blanc

Rillettes de sardines

Même principe pour les rillettes de sardines que pour les rillettes d'anchois, qui font une entrée fraîche en accompagnement de quelques tomates en salade.

✦ Éplucher les oignons et les couper en six. Éplucher les gousses d'ail, les débarrasser de leur germe.

✦ Dans un mixeur, disposer l'oignon, l'ail, les sardines égouttées débarrassées de leur arête centrale, les feuilles de basilic et de menthe et enfin le St Môret. Saler, poivrer et mixer jusqu'à l'obtention d'une pâte tartinable.

✦ Mettre au frais 1 h avant de servir.

Pour 6 personnes

Préparation : 10 min
Au frais : 1 h

Ingrédients

2 oignons frais
2 gousses d'ail
6 feuilles de basilic
3 brins de menthe fraîche
2 boîtes de sardines à l'huile d'olive
1 boîte (250 g) de St Môret au naturel
Sel, poivre

Suggestion de menu

~ *Rillettes de sardines*
~ Rougets au beurre de basilic, 165
~ Couronne de fruits en gelée de muscat de beaumes-de-venise, 236

Un petit chablis

Caillettes

Cette charcuterie se retrouve de l'Ardèche à la côte varoise. Ce curieux mélange à base de porc et d'épinards ou de blettes se consomme froid ou chaud en entrée. C'est un des chouchous de nos pique-niques en montagne, qui prend alors toute sa saveur accompagné de quelques olives noires et d'un bon rosé frais.

Pour 2 belles caillettes

Préparation : 15 min
Marinade : 15 min
Cuisson : 25 min

Ingrédients

1 foie de porc
200 g de gorge de porc ou de lard
1 crépine
2 œufs
300 g d'épinards ou de blettes
3 gousses d'ail
1 brin de thym
8 baies de genièvre
1 pincée de Spigol
1 pincée de noix muscade
2 cl de cognac ou de vin blanc
10 cl de vin blanc
Sel, poivre du moulin

La viande

✦ Découper le foie en petits carrés. Hacher la gorge ou le lard. Placer l'ensemble des viandes à mariner avec les gousses d'ail dégermées écrasées, le Spigol, la noix muscade, les baies de genièvre, le cognac (ou le vin blanc), le thym, du sel et du poivre.

✦ Oublier la marinade 15 min au frais le temps de préparer la crépine, les épinards ou les blettes.

Les épinards et les blettes

✦ Faire blanchir les feuilles d'épinards ou de blettes pendant 3 min dans un fond d'eau bouillante. Essorer.

Montage des caillettes

✦ Placer la crépine dans un bol d'eau tiède.

✦ Préchauffer le four à 210 °C (th. 7).

✦ Disposer la crépine essorée à plat sur le plan de travail.

✦ Dans un saladier, déposer la viande bien égouttée, ainsi que les feuilles vertes, mélanger du bout des doigts en cassant les œufs entiers.

✦ Constituer 2 boules très solides que l'on dispose dans la crépine puis plier pour faire 2 ballots. Ranger les caillettes dans un plat à gratin.

✦ Cuire environ 25 min.

✦ Égoutter la graisse à la sortie du four.

✦ Verser 10 cl de vin blanc dans le plat pour récupérer les sucs de cuisson. Verser ce jus sur les caillettes.
✦ Laisser refroidir ou servir tiède, comme vous préférez, accompagné d'une bonne salade verte.

Bon à savoir

~ En basse Provence, la caillette se prépare sans épinards ni blettes. On ajoute alors juste quelques brins de persil plat.
~ Certains adeptes choisissent de hacher totalement la viande (gorge ou lard et foie), je préfère quant à moi qu'il y ait des morceaux.

Suggestion de menu

~ *Caillettes*
~ Salade verte
~ Mousse d'abricot, 254

🍷 Un alsace tokay-pinot gris

Charlotte aux 3 poivrons

Pour 6 personnes

Préparation : 30 min
Cuisson : 20 min (poivrons grillés)
45 min (autres légumes)

Ingrédients

2 poivrons rouges
2 poivrons jaunes
2 poivrons verts
2 courgettes
1 aubergine
200 g de tomates-cerises
2 gousses d'ail
3 oignons
4 cuil. à soupe de ciboulette
1 bouquet de cerfeuil
10 feuilles de basilic
1 bouquet de persil plat
1 brin de thym
1 brin de romarin
3 cuil. à soupe d'huile d'olive
2 cuil. à soupe de crème fraîche
6 œufs
Sel, poivre du moulin

Les poivrons grillés

✦ Préchauffer le four en position gril pendant 15 min.

✦ Rincer les poivrons entiers, puis les sécher au papier absorbant et les mettre dans un plat de cuisson ou sur la lèchefrite recouverte de papier aluminium.

✦ Placer sous le gril en choisissant plutôt la position haute et laisser la porte du four entrouverte. Faire griller en retournant souvent les poivrons à l'aide d'une longue fourchette, ceux-ci doivent noircir sans pour autant brûler (plus les poivrons seront noirs et boursouflés, plus ils seront faciles à peler), ne pas craindre de les laisser trop longtemps : si vous veillez au grain, rien ne peut arriver de désastreux... Compter entre 30 à 35 min de cuisson, selon la puissance du four.

✦ À la sortie du four, placer les poivrons dans un saladier recouvert d'un film alimentaire et les laisser refroidir. Ils seront plus faciles à peler une fois refroidis et vous éviterez de vous brûler les doigts avec le jus...

✦ Une fois qu'ils sont refroidis, peler délicatement les poivrons, les équeuter, ôter les membranes blanches et toutes les petites graines.

✦ Réserver un poivron de chaque couleur. Couper les autres dans le sens de la hauteur en fines lanières.

Préparation des autres légumes

✦ Découper en dés les courgettes et les aubergines avec leur peau, ainsi que les poivrons réservés.

✦ Faire revenir 3 min l'ail et les oignons hachés dans 2 cuil. à café d'huile d'olive. Ajouter les dés de légumes, les tomates-cerises coupées en deux et le bouquet garni (thym et romarin).

✦ Faire cuire 15 à 20 min à découvert en remuant jusqu'à évaporation.

✦ Saler, poivrer et ôter le bouquet.
✦ Préchauffer le four à 210 °C (th. 7).

Montage de la charlotte

✦ Battre les œufs en omelette avec la crème, saler et poivrer.
✦ Ajouter les herbes (ciboulette, basilic, cerfeuil, persil) et les légumes.
✦ Huiler un grand saladier en Pyrex ou un moule à soufflé avec 1 cuil. à soupe d'huile d'olive et tapisser avec les lanières de poivrons en alternant les couleurs.
✦ Rabattre les lanières au centre et couvrir de papier sulfurisé.
✦ Cuire au bain-marie au four, environ 25 min. Démouler tiède.
✦ Servir frais.

Suggestion de menu

~ *Charlotte aux 3 poivrons*
~ Estouffade d'agneau à la purée d'ail, 136
~ Flan au potiron, 258

🍷 Un coteaux varois rouge

Caviar d'aubergines

Il figure désormais sur toutes les tables et je suppose que ses origines ne sont pas provençales, mais plus orientales. Cependant, je ne conçois pas un été sans caviar d'aubergines et du coup, ce caviar-là fait partie des recettes de la famille...

Pour 6 personnes
(450 g environ)

Préparation : 10 min
Cuisson : 40 min

Ingrédients
4 belles aubergines
4 gousses d'ail
5 brins de persil plat
6 cuil. à soupe d'huile d'olive

Cuisson des aubergines

✦ Envelopper chaque aubergine dans du papier aluminium.

✦ Après avoir préchauffé le four 15 à 20 min à 150-180 °C (th. 5-6), enfourner les papillotes d'aubergines et les laisser fondre au moins 40 min. Ne pas hésiter à prolonger la cuisson si la chair semble trop ferme. Le caviar n'en sera que plus doux.

✦ Quand la chair est fondue, ouvrir les papillotes et gratter le cœur des aubergines à l'aide d'une grosse cuillère à soupe.

✦ La chair doit se détacher facilement et être d'une belle couleur verte.

Préparation du caviar

✦ Dans un saladier, écraser la chair d'aubergines avec l'huile d'olive, le persil haché et l'ail écrasé.

✦ Laisser au frais quelques heures avant de servir à l'apéritif ou avec d'autres petites entrées, à la mode orientale.

Le secret de ma mère

Ma mère prépare à l'avance de larges quantités de ce caviar qu'elle place dans des pots de verre recouvert d'huile d'olive dans son réfrigérateur. Elle les garde ainsi deux bonnes semaines.

Bon à savoir

Rapide. Le mixeur fait très bien l'affaire si vous êtes adepte de la version purée plutôt que de la version caviar... Pour ma part, je préfère écraser les aubergines à la fourchette, ce qui leur donne plus de consistance.

Suggestion de menu

~ *Caviar d'aubergines*

~ Dorade à la marseillaise, 174

~ Gâteau de figues séchées, 270

🍷 Un coteaux d'aix-en-provence rosé ou un alsace tokay-pinot gris

Crème d'aubergine

Une belle recette à l'ancienne, datant, paraît-il, des Templiers, c'est dire si elle est actuelle... Elle l'est cependant par sa rapidité d'exécution.

Pour 6 personnes

Préparation : 30 min
Cuisson :
40 min (aubergines)
30 min (poivrons)

Ingrédients

3 grosses aubergines
3 poivrons rouges
6 gousses d'ail
6 échalotes grises
6 feuilles de menthe
60 olives dénoyautées
8 cuil. à soupe d'huile d'olive
Sel, poivre

Choix des aubergines
L'aubergine est à point lorsqu'elle est ferme et gonflée, d'un beau violet sombre et bien lisse et brillante. Son pédoncule doit être vert, épineux. Les petites aubergines de Saint-Rémy-de-Provence sont délicieuses, elles sont plus longues et minces que leurs sœurs qui pèsent dans les 200 g en moyenne.

✦ Préchauffer le four à 120 °C (th. 4).

✦ Faire cuire les aubergines en papillotes d'aluminium pendant 40 min.

✦ Puis placer le four en position gril. Rincer les poivrons entiers, puis les sécher au papier absorbant et les mettre dans un plat de cuisson ou sur la lèchefrite recouverte de papier aluminium.

✦ Placer sous le gril en choisissant plutôt la position haute et laisser la porte du four entrouverte. Faire griller en retournant souvent les poivrons à l'aide d'une longue fourchette, ceux-ci doivent noircir sans pour autant brûler (plus les poivrons seront noirs et boursouflés, plus ils seront faciles à peler), ne pas craindre de les laisser trop longtemps : si vous veillez au grain, rien ne peut arriver de désastreux... Compter au moins 30 min de cuisson, selon la puissance du four.

✦ À la sortie du four, placer les poivrons dans un saladier recouvert d'un film alimentaire et les laisser refroidir. Ils seront plus faciles à peler une fois refroidis et vous éviterez de vous brûler les doigts avec le jus...

✦ Dans un pilon, avec un mortier, écraser les gousses d'ail dégermées, la menthe, les olives, les échalotes hachées.

✦ Quand les aubergines et les poivrons sont cuits, détacher la pulpe des aubergines et peler les poivrons comme indiqué p. 22. Les ajouter au contenu du mortier et les écraser à leur tour. Puis monter à l'huile d'olive que vous ajouterez par minces filets. Saler et poivrer.

✦ Servir frais sur des toasts de pain de campagne au levain.

Le secret de ma mère

Ma mère ajoute un trait de vinaigre en fin de préparation.

Bon à savoir

Rapide. Cuire ensemble les poivrons et les aubergines en papillotes 40 min. Mixer les ingrédients au lieu de les piler au mortier.

Suggestion de menu

~ *Crème d'aubergine*
~ Soles rôties à la sauge, 180
~ Bavarois aux abricots secs, 255

Un palette blanc

Pain de courgettes

Ma grand-mère adorait les courgettes et trouvait toujours de nouvelles recettes pour convaincre les enfants, souvent récalcitrants, de goûter ce légume. Ce pain de courgettes faisait l'unanimité et constituait en plus une recette facile à réaliser avec les plus jeunes qui, en mettant ainsi la main à la pâte, étaient beaucoup plus motivés au moment du repas pour déguster leur propre réalisation.

Pour 6 personnes

Préparation : 40 min
Cuisson : 30 min

Ingrédients

1 kg de courgettes
6 feuilles de basilic
2 gousses d'ail
6 œufs entiers
125 g de crème fraîche
20 g de beurre
Sel, poivre du moulin

✦ Éplucher les courgettes au couteau économe en enlevant une bande de peau sur deux.
✦ Les cuire entières 10 min à l'autocuiseur dans le panier vapeur, avec les gousses d'ail pelées et le basilic. Une fois qu'elles sont cuites, les mixer grossièrement, saler et poivrer.
✦ Ajouter 6 œufs entiers à cette purée ainsi que la crème fraîche.
✦ Préchauffer le four 15 min à 240 °C (th. 8).
✦ Verser la préparation dans un moule à cake largement beurré.
✦ Faire cuire 30 min à 180 °C (th. 6) en vérifiant la cuisson avec la pointe d'un couteau. À la sortie du four, attendre 10 min avant de démouler.
✦ Déguster froid.

Le secret de ma mère

~ Ma mère sert ce pain dans des petits ramequins individuels (cuisson : 15 min à 180 °C, th. 6). Elle les démoule directement sur les assiettes en les nappant d'une ***Compotée de tomates fraîches au basilic*** : pour cela, elle plonge 4 belles tomates bien mûres dans de l'eau bouillante pendant 20 s, avant de les peler et de les découper en petits dés. Puis elle ajoute un trait d'huile d'olive et quelques feuilles de basilic hachées.

~ Quand elle sert ce pain en accompagnement d'une viande d'agneau par exemple, ma mère décore l'assiette avec un peu de fleur de sel.

Bon à savoir

~ **Rapide.** Vous trouvez désormais des courgettes surgelées en toute saison, ce qui évite la corvée d'épluchage.

~ **Minceur.** Ce plat constitue lui aussi une entrée ou un légume d'accompagnement particulièrement léger, que l'on peut napper d'un yaourt à 0 % battu.

Suggestion de menu

~ *Pain de courgettes*

~ Gigot de mouton à l'estouffado, 138

~ Charlotte aux poires et au pain d'épice, 260

Un corbières rouge (Château Lastours)

Terrine de thon de toujours

C'est une recette vieille comme les réunions Tupperware, améliorée au fil des ans par ma grand-mère, puis ma mère. Elle est fraîche, simple, rapide à faire et si vous la versez dans un moule Tupperware en forme de cœur, vous aurez là une entrée idéale pour dire « je t'aime » à tous ceux que vous recevrez à votre table, en plein cœur de l'été...

Pour 6 personnes

Préparation : 15 min
Repos au frais : 6 h

Ingrédients

1 grosse boîte de thon au naturel
25 cl de crème fraîche liquide
1/2 citron (jus)
1 cuil. à soupe de moutarde forte de Dijon
3 blancs d'œufs
1 bouquet de fines herbes (au choix : ciboulette, persil, aneth, estragon, menthe...)
1 sachet de gelée Maggi
Sel, poivre fin

La gelée

✦ Commencer par préparer une gelée en suivant scrupuleusement les instructions indiquées sur le sachet. En général, il faut délayer le sachet de poudre à l'eau froide, puis amener tout doucement à température, sans qu'il y ait ébullition.

La terrine

✦ Verser un peu de cette gelée au fond d'un moule facile à démouler préalablement passé sous l'eau froide pour faciliter le démoulage le moment venu.
✦ Pendant que la gelée prend, préparer le mélange au thon.
✦ Dans un mixeur, placer la crème fraîche liquide, la moutarde, le jus de citron, du sel, du poivre, puis le thon au naturel égoutté.
✦ Lorsque le mélange obtenu est bien lisse, ajouter les fines herbes ciselées (persil, ciboulette ou menthe et estragon ou aneth et cerfeuil)
✦ Vérifier l'assaisonnement.
✦ Monter les blancs d'œufs en neige et les incorporer délicatement au mélange.
✦ Incorporer la gelée avant qu'elle ne soit prise.
✦ Verser le tout dans un joli moule et placer au réfrigérateur au moins 6 h.
✦ Démouler avec soin au moment de servir.
✦ Décorer avec quelques fines herbes et des tomates-cerises et déguster bien frais.

LE SECRET DE MA MÈRE

~ Ma mère prépare, soit un coulis de tomate, soit une mayonnaise maison dans laquelle elle incorpore des fines herbes de saison pour accompagner cette terrine qui, de toute façon, se suffit à elle-même.

~ Elle utilise les fines herbes de saison, basilic, menthe, persil plat, ciboulette, cerfeuil ou aneth et n'hésite pas à faire des mélanges.

VARIANTE

Terrine au saumon. Remplacer le thon au naturel par une boîte de saumon au naturel et remplacer les fines herbes par de l'aneth qui se marie particulièrement bien avec la chair du saumon.

Suggestion de menu

~ *Terrine de thon de toujours*

~ Sardines à l'aïoli, 169

~ Le gâteau rouge d'Hilary, 240

Un coteaux de pierrevert rosé

Gâteau de crêpes à la purée de thon
et de poivrons verts

C'est une amie québécoise, Monique, par ailleurs fine cuisinière, qui nous a régalé la toute première fois avec ce magnifique gâteau de crêpes et je suis sûre qu'elle ne m'en voudra pas, elle qui adore la France et tout particulièrement la Provence, de l'avoir fait un peu nôtre...

Pour 6 personnes
environ 12 crêpes,
Ø 15 cm

Préparation : 30 min
Repos de la pâte : 1 h
Cuisson : 3 à 4 min par crêpe
Repos au frais : quelques heures

Ingrédients

Pâte à crêpes
500 g de farine
3 œufs entiers
25 cl de lait
3 cuil. à soupe de beurre fondu refroidi
1 pincée de sel fin

Mayonnaise
1 jaune d'œuf
25 cl d'huile d'arachide
1 cuil. à soupe de moutarde forte de Dijon

La pâte à crêpes

✦ Préparer la pâte à crêpes en mélangeant la farine, les œufs, 1 pincée de sel fin, le lait et le beurre fondu légèrement refroidi.
✦ Laisser reposer 1 h.

La mayonnaise

✦ Séparer le blanc d'œuf du jaune, utiliser le jaune pour faire une mayonnaise en ajoutant de la moutarde et par filet de l'huile d'arachide, sans cesser de remuer à l'aide d'une cuillère en bois.

Farce au thon

✦ Hacher les oignons fins et les mélanger au thon à l'huile et à la mayonnaise. La farce doit avoir la consistance assez molle pour être « tartinable ».

Farce aux poivrons

✦ Faire revenir le bacon dans une poêle, sans ajout de matière grasse, le bacon va durcir et vous pourrez ensuite le hacher très finement au mixeur.
✦ Hacher également le demi-poivron vert très fin pour en prélever 1 grosse cuillerée à soupe.
✦ Ajouter la boîte de St Môret et mélanger intimement pour obtenir une pâte tartinable.

Le gâteau

✦ Quand la pâte à crêpes est prête, confectionner dans une crêpière une douzaine de crêpes les plus fines et régulières possibles.

✦ Conserver à part la plus belle des crêpes pour la placer sur le dessus du gâteau.

✦ Tartiner chaque crêpe en alternance avec de la farce au thon et de la farce aux poivrons.

✦ Superposer les crêpes pour constituer un gâteau et placer la plus belle crêpe sur le dessus.

✦ Mettre au frais quelques heures avant de servir.

Farce au thon
1 boîte de thon à l'huile de 125 g
80 g de mayonnaise
1 cuil. à soupe d'oignons hachés

Farce aux poivrons
1 boîte (250 g) de St Môret
80 g de mayonnaise
4 tranches de bacon cuit et haché finement
1/2 poivron vert

Le secret de ma mère

Elle décore ce gâteau avec de petites piques sur lesquelles elle dispose des oignons blancs au vinaigre, des olives aux anchois et des tomates-cerises, elle découpe des pointes de gâteau bien fines et les sert en apéritif.

Bon à savoir

~ **Rapide.** Ce gâteau se prépare facilement la veille pour le lendemain et se congèle à merveille.

~ **Minceur.** On peut alléger la recette en remplaçant la mayonnaise par de la brousse ou de la ricotta.

Choix du fromage

Le fromage à la crème le plus répandu outre-Atlantique est le Philadelphia, mais hélas, il est introuvable en France. Je le remplace donc par du St Môret, mais on peut aussi utiliser du mascarpone ou de la brousse.

Suggestion de menu

~ *Gâteau de crêpes à la purée de thon et de poivrons verts*

~ Ratatouille aux tomates confites, 194

~ Blanc-manger de Cosa à la purée d'amande, 250

Un côtes de provence rosé

Mousse de thon
à la brousse et aux pistaches

En toute saison, j'aime servir différentes entrées à mes invités comme le fait aussi depuis quelque temps le restaurant Oliviers & Co à Forcalquier, qui appelle ça joliment une « méridienne ». Véritable mezzé provençal, avec de la mousse de thon, des poivrons grillés, des rillettes d'anchois et de thon, disposés dans de petits raviers qui, curieusement chez ma mère, viennent de Suède et se prêtent élégamment à ce type de présentation car ils sont transparents et supportés par un plateau de rangement.

Pour 6 personnes

Préparation : 15 min
Cuisson des œufs : 10 min
Repos au frais : 1 h

Ingrédients

200 g de brousse (ou de ricotta)
400 g de miettes de thon à l'huile
2 œufs
10 cl de crème liquide
10 pistaches non salées
Sel fin

✦ Faire durcir les œufs dans une casserole d'eau bouillante pendant 10 min.

✦ Passer au mixeur les œufs durs écalés, la crème liquide, la brousse, le thon, saler.

✦ Laisser au frais au moins 1 h.

✦ Au moment de servir, décorer avec des pistaches nature.

Bon à savoir

Minceur. C'est une entrée idéale en période de régime si vous l'accompagnez d'une salade verte et d'un peu de citron. Elle est rapide à préparer et très diététique. Elle peut constituer aussi une farce légère à placer dans une tomate crue évidée.

Suggestion de menu

~ *Mousse de thon à la brousse et aux pistaches*
~ Sardines farcies aux épinards, 168
~ Soupe de raisins au muscat de beaumes-de-venise, 268

Un côtes de provence rosé ou un alsace klevner blanc

Poivrons marinés au gingembre
et à la coriandre

Ma grand-mère puis ma mère ont cuisiné à l'infini le poivron rouge, y ajoutant après cuisson un trait d'huile d'olive, une purée d'anchois ou tout simplement un fromage de chèvre frais ou un peu de mozzarella. J'ai essayé d'intégrer à une préparation traditionnelle une touche d'exotisme avec du gingembre et de la coriandre, peu utilisés dans le passé dans la cuisine régionale de Haute-Provence longtemps éloignée des courants culinaires apportés par les migrations contemporaines.

Pour 6 personnes

Préparation : 60 min
Cuisson : 35 à 40 min

Ingrédients

6 gros poivrons rouges
1 bouquet de coriandre fraîche
4 belles gousses d'ail nouveau
1 morceau de gingembre frais de 2 cm
8 cuil. à soupe d'huile d'olive
4 cuil. à soupe de vinaigre balsamique
1 cuil. à café de fleur de sel
Poivre du moulin

Les poivrons rouges
Les choisir beaux, fermes et de préférence gros et charnus.

Cuisson des poivrons grillés

✦ Préchauffer le four en position gril pendant 15 min.

✦ Rincer les poivrons entiers, puis les sécher au papier absorbant et les mettre dans un plat de cuisson ou sur la lèchefrite recouverte de papier aluminium.

✦ Placer sous le gril en choisissant plutôt la position haute et laisser la porte du four entrouverte. Faire griller en retournant souvent les poivrons à l'aide d'une longue fourchette, ceux-ci doivent noircir sans pour autant brûler (plus les poivrons seront noirs et boursouflés, plus ils seront faciles à peler), ne pas craindre de les laisser trop longtemps : si vous veillez au grain, rien ne peut arriver de désastreux... Compter entre 30 à 35 min de cuisson, selon la puissance du four.

✦ À la sortie du four, placer les poivrons dans un saladier recouvert d'un film alimentaire et les laisser refroidir. Ils seront plus faciles à peler une fois refroidis et vous éviterez de vous brûler les doigts avec le jus... Consacrez-vous plutôt à la préparation de la marinade.

La marinade

✦ Éplucher l'ail, enlever le germe s'il existe, passer les gousses sous l'eau pour les rendre plus digestes ou, mieux encore, les mettre à blanchir 10 min dans une petite casserole d'eau bouillante. Les couper ensuite en fines lamelles à l'aide d'un bon couteau.

✦ Peler le gingembre et le tailler en fins bâtonnets.

✦ Laver la coriandre à l'eau claire, la sécher dans un peu de papier absorbant, la hacher soit au hachoir mécanique, soit à l'aide d'un petit robot.

✦ Occupez-vous maintenant des poivrons qui doivent avoir refroidi : les équeuter, ôter les membranes blanches et toutes les petites graines, et conserver le jus après l'avoir filtré au travers d'une passoire à thé, cet exercice délicat mérite un tout petit peu de patience et d'adresse car les graines ont une sérieuse tendance à coller à la chair des poivrons ou aux doigts du cuisinier... ou aux deux...

✦ Couper la chair des poivrons en lanières larges et régulières. Les disposer dans un plat creux de service.

✦ Dans un bol, mélanger l'huile d'olive, le vinaigre balsamique et le jus des poivrons. Ajouter l'ail, le gingembre et la coriandre, la fleur de sel et 2 tours de moulin à poivre. Arroser les poivrons avec cette marinade et les retourner de temps en temps pour que tous soient bien imprégnés de ce mélange.

✦ Mettre à refroidir quelques heures au réfrigérateur avant de servir.

Le secret de ma mère

Après avoir expérimenté différentes façons de procéder pour peler les poivrons, ma préférence va à celle-ci, je vous la livre : en sortant vos poivrons du four, placez-les, enrobés dans du papier journal, dans votre autocuiseur que vous fermerez hermétiquement. Au bout d'une vingtaine de minutes, la peau s'en va toute seule.

Bon à savoir

Vous pouvez présenter ces poivrons à l'apéritif sur de petites tartines de pain de la veille, frottées à l'ail.

Suggestion de menu

~ *Poivrons marinés au gingembre et à la coriandre*

~ Loup grillé au fenouil, flambé à l'anis

~ Soupe de cerises, 266

Un côtes de provence rosé fruité

(Caves de la Madeleine)

Confit de poivrons orange

Le tendre de Châteaurenard, le vert d'Antibes ou de Marseille, le gros carré de Cavaillon... Ce ne sont pas les noms des favoris de la cinquième course sur l'hippodrome de Marseille mais... des noms de poivrons. Le jardin d'Oraison du temps de mes grands-parents regorgeait de poivrons de toutes sortes, souvent chétifs et souffreteux mais si goûteux... L'été, avec les grandes tablées sous la terrasse et les appétits féroces des enfants, ma grand-mère, à qui toute idée de gaspillage faisait horreur, confectionnait avec le surplus de poivrons orange de délicieux chutneys qui, à l'époque, portaient plus modestement le nom de confits de poivrons... Au fil des années, découvrant les influences de la cuisine orientale, la famille a enrichi la recette de quelques ingrédients plus exotiques que les seuls poivrons...

Pour 2 pots de confiture

Préparation : 1 h
Cuisson : 1 h 05

Ingrédients

4 poivrons orange bien charnus
1/2 ananas frais
120 g d'échalotes
1 morceau de gingembre frais de 3 cm
1 bâton de cannelle
50 g de raisins secs
20 cl de vin blanc sec
80 g de sucre roux
Poivre du moulin

Les poivrons grillés

✦ Préchauffer le four en position gril pendant 15 min.

✦ Rincer les poivrons entiers, puis les sécher au papier absorbant et les mettre dans un plat de cuisson ou sur la lèchefrite recouverte de papier aluminium.

✦ Placer sous le gril en choisissant plutôt la position haute et laisser la porte du four entrouverte. Faire griller en retournant souvent les poivrons à l'aide d'une longue fourchette, ceux-ci doivent noircir sans pour autant brûler (plus les poivrons seront noirs et boursouflés, plus ils seront faciles à peler), ne pas craindre de les laisser trop longtemps : si vous veillez au grain, rien ne peut arriver de désastreux... Compter entre 30 à 35 min de cuisson, selon la puissance du four.

✦ À la sortie du four, placer les poivrons dans un saladier recouvert d'un film alimentaire et les laisser refroidir. Ils seront plus faciles à peler une fois refroidis et vous éviterez de vous brûler les doigts avec le jus...

Les légumes

✦ Peler l'ananas, ôter le cœur trop dur pour être consommé et confectionner de petits cubes avec la chair.

✦ Éplucher le gingembre et les échalotes, les hacher séparément et grossièrement dans un petit robot.

Le bouillon

✦ Dans une casserole ou une cocotte en fonte, faire bouillir le vin blanc avec le bâton de cannelle, le sucre roux, les raisins secs et le gingembre haché.

✦ Après quelques minutes de bouillon, couvrir et laisser infuser hors du feu.

Préparation du confit

✦ Une fois que les poivrons sont refroidis, les peler délicatement, les équeuter, ôter les membranes blanches et toutes les petites graines, puis couper la chair en gros dés en conservant leur jus.

✦ Glisser les morceaux de poivrons et le jus des poivrons dans la préparation à base de vin, ajouter les échalotes hachées et les dés d'ananas, poivrer généreusement.

✦ Laisser confire le chutney à feu doux 30 min environ, en touillant de temps en temps (pour éviter toute catastrophe, utiliser une casserole à fond épais).

✦ Quand le mélange est encore chaud, se débarrasser du bâton de cannelle et répartir le confit dans des pots de confiture préalablement passés sous l'eau chaude.

✦ Fermer les pots de confiture et les garder au frais.

✦ Ce confit est à consommer dans les 15 jours.

Le secret de ma mère

Elle sert souvent des rougets en papillotes avec cette délicieuse confiture, qu'elle fait alors tiédir au bain-marie, ou elle l'utilise pour relever des restes de viande blanche froide.

Bon à savoir

Ne vous fiez pas à la mine... Plus un poivron a mauvaise mine, meilleur est son goût et, si vous avez de la chance de pouvoir vous procurer des poivrons de jardin, n'hésitez pas à choisir les plus chétifs et les plus tordus, ils auront encore meilleur goût que leurs cousins tout ronds, tout lisses, cultivés sous serre.

Suggestion de menu

~ Tartine à la tapenade, 18
~ *Rouget en papillote et son confit de poivrons orange*
~ Crème brûlée aux calissons, 252

Un alsace riesling ou un alsace tokay-pinot gris

Salade multicolore

aux jeunes pousses d'épinards

Une salade toute simple pour un beau buffet coloré ou pour ouvrir l'appétit avant une bonne daube de bœuf, à consommer sans modération.

Pour 6 personnes

Préparation : 15 min

Ingrédients

500 g de pousses d'épinards
2 oignons rouges (ou, à défaut, des oignons blancs doux)
2 oranges
100 g de pignons de pin

Vinaigrette

2 cuil. à soupe de vinaigre de cidre
4 cuil. à soupe d'huile d'olive
1 trait de jus d'orange frais
1/2 cuil. à café de sel
Poivre du moulin

✦ Laver les pousses d'épinards à l'eau, puis les sécher sur un papier absorbant.
✦ Dans un grand saladier, préparer la vinaigrette : mélanger le sel, un peu de poivre et le vinaigre, puis ajouter progressivement l'huile d'olive et enfin le jus d'orange.
✦ Déposer les pousses d'épinards dans le saladier.
✦ Peler les 2 oranges à vif, les découper en fines rondelles et les ajouter aux épinards. Éplucher les oignons, les découper en fines rondelles et les ajouter à la salade. Mélanger soigneusement.
✦ Au moment de servir, faire revenir les pignons de pin sans ajout de gras dans une poêle antiadhésive. Les répartir sur la salade.
✦ Servir alors que les pignons sont encore chauds.

Bon à savoir

On peut remplacer les pousses d'épinards par du mesclun, un mélange de jeunes salades : romaine, roquette, pourpier, chicorée frisée, pissenlit, cerfeuil... Ce mélange a été élaboré pour la première fois au début du siècle par les moines franciscains de Cimiez, aux environs de Nice.

Suggestion de menu

~ *Salade multicolore aux jeunes pousses d'épinards*
~ La daube de bœuf du dimanche, 150
~ Mousse d'abricot, 254

Un côtes de provence (Domaine des Peirecédcs) ou le vin ayant servi à la marinade de la daube

Salade d'été retour d'Italie

La Provence est la cousine germaine de la Toscane. Ses paysages, ses vallons, ses cyprès, ses couleurs, tout ici me fait penser à l'Italie et sur certaines collines au-dessus du Castellet d'Oraison, je vous mets au défi de me dire si vous êtes en Haute-Provence ou en Toscane... En cuisine aussi, les cousines ont bien des points communs. Et si nous mangeons moins de pâtes que nos voisins transalpins, les produits de base tels que les olives, l'huile d'olive, les tomates, le basilic, les dizaines de sortes de haricots se conjuguent en Provence comme en Toscane avec d'infinies ressemblances, comme, par exemple, cette salade d'été que je confectionne souvent en rentrant d'Italie.

Pour 6 personnes

Préparation : 20 min
Repos au frais : 1 h
Cuisson : 5 min

Ingrédients

50 g de parmesan
1 poivron vert
1 piment doux vert
1 bulbe de fenouil
1 poignée de haricots beurre
1/2 bouquet de persil plat
1 citron vert
6 cuil. à soupe d'huile d'olive
Sel, gros sel
Poivre du moulin

✦ Laver le persil et tous les légumes, les sécher dans du papier absorbant. Ôter les fils des haricots beurre. Effeuiller le persil. Équeuter, épépiner et émincer le poivron et le piment doux. Laver le citron vert. Laver le fenouil puis couper le bulbe en tranches très fines avec un bon couteau.

✦ Faire bouillir 1/2 litre d'eau avec 1 pincée de gros sel. Plonger les haricots dans cette eau bouillante 5 petites minutes pour une cuisson « al dente ». Les passer sous l'eau froide rapidement pour stopper la cuisson.

✦ Dans un bol, mélanger le zeste de la moitié du citron vert prélevé à l'aide d'une râpe fine, le jus du citron vert et l'huile d'olive.

✦ Saler et poivrer.

✦ Dans un joli saladier transparent, mettre les légumes, le persil ciselé et l'assaisonnement, puis mélanger intimement.

✦ Garder une bonne heure au frais et, au moment de servir, décorer de copeaux de parmesan obtenus à l'aide d'un couteau économe.

Le secret de ma mère

Ma mère cisèle sur cette salade, selon son humeur, quelques feuilles de basilic ou un peu d'estragon et décore avec quelques pignons de pin qu'elle fait griller à sec dans une poêle.

Suggestion de menu

~ *Salade d'été retour d'Italie*
~ Filet de bœuf au pistou, 152
~ Couronne de fruits en gelée de muscat de beaumes-de-venise, 236

Un chianti classico

Salade du Gavot au chèvre

Le Gavot, c'est le paysan bas-alpin, un homme rude, qui a dû s'adapter à une terre, belle mais souvent ingrate, à un pays longtemps éloigné du monde, surtout dans le nord des Alpes de Haute-Provence, où l'hiver est particulièrement rigoureux et où l'on a vécu longtemps, comme si le temps était suspendu, loin du TGV Méditerranée et des autoroutes qui rendent aujourd'hui la circulation si facile...

Pour 6 personnes

Préparation : 20 min
Cuisson : 10 min

Ingrédients

1/2 bûche de fromage de chèvre
1 concombre
1 poivron rouge
1 poivron jaune
1 poivron vert
250 g de tomates-cerises
250 g de roquette ou de batavia
4 figues fraîches
Quelques feuilles de basilic
12 petits oignons à la provençale (p. 205)
12 olives noires à la provençale
1 cuil à café de sucre en poudre
4 cuil. à soupe d'huile d'olive

✦ Nettoyer la salade.

✦ Essuyer les figues avec un papier absorbant, les découper en six quartiers égaux.

✦ Rincer les poivrons, les débarrasser de leurs graines, puis les découper en fines lanières.

✦ Rincer les tomates-cerises.

✦ Découper le fromage en tout petits morceaux et tailler le concombre pelé en rondelles.

✦ Disposer sur chaque assiette un peu de salade, puis les lanières de poivrons, les tomates-cerises, les olives, les figues et enfin le fromage et les petits oignons.

✦ Préparer la vinaigrette : dissoudre le sucre et le sel dans le vinaigre balsamique, puis ajouter le poivre et l'huile d'olive. Répartir sur les assiettes et décorer avec des feuilles de basilic.

Le secret de ma mère

Pour cette recette, ma mère préfère utiliser des poivrons grillés. Si vous êtes comme elle, reportez-vous à la recette des poivrons grillés p. 22.

3 cuil. à soupe de vinaigre balsamique
Sel, poivre du moulin

Bon à savoir

Rapide. Si vous n'avez pas le temps de préparer des oignons à la provençale, vous pouvez utiliser des petits oignons frais en bottes ou alors des petits oignons en bocaux, à l'aigre-doux.

Variantes

~ ***Tomates séchées.*** Si vous ne digérez pas bien les poivrons, vous pouvez les remplacer par des tomates séchées moelleuses (celles de chez Oliviers & Co, par exemple).

~ ***Salade.*** On peut également utiliser pour cette salade un mélange de mesclun (jeunes feuilles de salades mélangées), ou encore les feuilles craquantes d'une belle romaine.

Suggestion de menu

~ *Salade du Gavot au chèvre*

~ Poulet au pastis à l'ancienne, 132

~ Tatin aux pommes, romarin et miel caramélisé, 274

Un coteaux varois rosé

Salade de fenouil cru au pastis

Compagnon des beaux jours et des apéritifs qui se traînent dans la langueur des soirées provençales, le pastis peut être utilisé dans la cuisine où il parfume d'un goût anisé, non pas les sucettes d'Annie, mais les vinaigrettes, les légumes ou les desserts.

Pour 6 personnes

Préparation : 30 min
Cuisson : 20 min
Repos au frais : quelques heures

Ingrédients

3 bulbes de fenouil
2 tomates
200 g de riz blanc long
100 g d'olives noires dénoyautées

Mayonnaise

2 jaunes d'œufs
25 cl d'huile d'arachide
4 cl de pastis
1 cuil. à soupe de moutarde forte de Dijon
Sel, poivre

Cuisson du riz

✦ Commencer par faire cuire le riz dans un grand volume d'eau salée et bouillante pendant 20 min en surveillant la cuisson. Préférer un riz long à tout autre riz. À la fin de la cuisson, égoutter le riz et le passer sous l'eau froide pour arrêter la cuisson.

✦ Profiter de la cuisson du riz pour laver les fenouils en retirant les feuilles de l'extérieur trop dures. Couper les extrémités des tiges.

✦ Émincer les bulbes en très fines lamelles en utilisant un couteau bien affûté.

✦ Couper les tomates en quartiers.

Préparation de la mayonnaise

✦ Avec les 2 jaunes d'œufs, le sel, le poivre, la moutarde et l'huile, préparer une mayonnaise, quand elle est bien montée, parfumer avec le pastis.

La salade

✦ Dans un grand saladier, déposer le riz refroidi, les tomates, les olives dénoyautées, le fenouil émincé et la mayonnaise.

✦ Mélanger intimement et mettre au frais quelques heures.

Le secret de ma mère

Pour rendre une vinaigrette « intelligente », ma mère ajoute quelques gouttes de pastis à l'huile et au vinaigre.

VARIANTE

Salade verte au fenouil. Il m'arrive aussi de préparer de belles salades en mélangeant des bulbes de fenouil bien émincés avec tout ce que je peux trouver comme verdure de saison : jeunes pousses d'épinards, roquette, mesclun, fines herbes... Je trouve que le fenouil présente toujours un intérêt pour relever n'importe quelle salade.

Suggestion de menu

~ *Salade de fenouil cru au pastis*
~ Jeune lapin de garenne à la provençale, 122
~ Omelette grand-mère au pastis, 276

Un côtes du rhône-villages rouge
(domaine La Montagnette)

Salade de fromage à l'ail

Après avoir dégusté cette salade, il convient d'éviter les rendez-vous amoureux ou alors de s'assurer que votre moitié d'orange a dégusté le même ingrédient, ingrédient auquel on prête, malgré ou grâce à la force de son caractère, de puissants effets aphrodisiaques...

Pour 6 personnes

Préparation : 40 min
Cuisson : 30 min

Ingrédients

1 fromage blanc en faisselle par personne
6 cuil. à soupe de vinaigre à l'estragon
10 cuil. à soupe d'huile d'olive
6 pommes de terre
3 gousses d'ail
Sel, poivre

Choix du fromage
Si vous avez la chance de connaître un producteur de fromages, procurez-vous des faisselles fraîches. Sinon, choisissez chez un fromager ou même en grande surface des fromages blancs en faisselle, type Rians.

Cuisson des pommes de terre

✦ Laver les pommes de terre sans les éplucher.
✦ Les placer dans une grande casserole d'eau froide avec une poignée de gros sel et porter à ébullition.
✦ Laisser bouillir en baissant la flamme environ 30 min. Vérifier la cuisson avec la pointe d'un couteau.

Préparation de la salade

✦ Dans un saladier, en bois si possible, mélanger le vinaigre, l'huile d'olive, le sel, le poivre, l'ail écrasé à la fourchette ou pilé, puis les fromages en faisselle.
✦ Battre au fouet vigoureusement.
✦ Rectifier l'assaisonnement selon votre goût, le vinaigre doit être assez présent.
✦ Présenter le saladier sur la table avec les pommes de terre en robe des champs (non épluchées) et un pot de beurre.
✦ Appelez Mère Grand... et n'oubliez pas la galette...

Le secret de ma mère

Sa fromagère. Qui propose, quand vient la saison des chèvres frais, de délicieuses faisselles à faire pâmer le Grand Méchant Loup lui-même...

Bon à savoir

~ **Pour les âmes sensibles**, penser à faire blanchir les gousses d'ail avant usage ou simplement à les passer sous l'eau après les avoir épluchées.

~ **Pour les paresseux**, en graissant la patte de la cuisinière, on peut aller jusqu'à obtenir d'elle qu'elle épluche les pommes de terre avant de passer à table.

Suggestion de menu

~ *Salade de fromage à l'ail*

~ Ratatouille aux tomates confites, 194

~ Figues rôties au laurier, 269

Un collioures rouge

Beignets de fleurs de courgette

Les fleurs de courgette ont une splendide couleur orangée, on les trouve en été sur les marchés et elles font une entrée splendide, juste frites dans une pâte à beignet légère.

Pour 6 personnes

Préparation : 15 min
Repos de la pâte : 10 min
Cuisson : 5 min par poêlée de beignets

Ingrédients

12 fleurs de courgette
3 litres d'huile de friture

Pâte à beignets
250 g de farine
2 œufs
1 verre de lait tiède
2 cuil. à soupe d'huile d'olive
Sel fin

Pâte à beignets

✦ Dans une jatte, disposer la farine, 1 pincée de sel, les jaunes d'œufs et délayer avec l'huile d'olive et le lait.
✦ Laisser reposer 10 min.

La cuisson des beignets

✦ Faire chauffer une friteuse d'huile ou à défaut une poêle avec un niveau d'huile suffisant à l'immersion des beignets.
✦ Essuyer avec précaution les fleurs de courgette avec un papier absorbant.
✦ Ne surtout pas couper les tiges qui serviront pour la cuisson.
✦ Monter les blancs en neige et les incorporer délicatement à la pâte à beignets.
✦ Tremper rapidement chaque fleur de courgette dans la pâte en la tenant par la tige.
✦ Plonger les beignets dans l'huile bouillante et laisser dorer 5 min en retournant à mi-cuisson pour obtenir une belle couleur dorée.
✦ Égoutter le surplus d'huile sur un papier absorbant.

Le secret de ma mère

Ma mère remplace le lait qui constitue généralement la base des pâtes à beignets par ce mélange huile d'olive et lait, qui fait toute la différence.

Variantes

Beignets de courgettes. Si vous ne disposez pas de fleurs de courgette, vous pouvez confectionner ces beignets avec des tranches de courgettes, non épluchées.

Suggestion de menu

~ *Beignets de fleurs de courgette*

~ Lapin désossé en rôti dans sa crépine, 124

~ Charlotte aux poires et au pain d'épices, 260

Un coteaux varois rosé

(Château les Valentines, La Londe les Maures)

Tarte aux courgettes
et aux tomates

Un bon basique, comme dirait une rédactrice de mode en parlant de cette petite robe noire absolument indémodable... Une tarte qu'on prépare rapidement, parce qu'un ami ou un enfant s'est annoncé à dîner et que le frigo est vide, une tarte qui fait toujours un tabac et cale les appétits les plus féroces.

Pour 6 personnes

Préparation : 25 min
Cuisson : 45 min

Ingrédients

Pâte
200 g de farine
100 g de beurre mou
+ 20 g pour le moule
1 pincée de sel
1 verre d'eau froide

Garniture
750 g de courgettes
500 g de tomates
250 g d'oignons
2 gousses d'ail
1 brin de thym
Origan
3 œufs
3 cuil. à soupe d'huile d'olive
2 cuil. à soupe de moutarde forte de Dijon
Sel, poivre du moulin

La pâte

✦Dans une grande jatte, mélanger du bout des doigts la farine et le beurre mou, coupé en petits cubes, un peu de sel et ajouter l'eau très progressivement.

✦Former une boule et la mettre au frais pendant la préparation des légumes.

La garniture

✦Plonger les tomates 20 s dans une casserole d'eau bouillante. Puis les passer sous l'eau froide, les peler et les couper en deux horizontalement. Ôter les graines, couper la chair des tomates en gros cubes.

✦Éplucher les courgettes et les oignons, puis les couper en fines lamelles.

✦Dans une poêle avec 1 cuil. à soupe d'huile d'olive, faire revenir les oignons et les courgettes pour qu'ils prennent couleur, ajouter les cubes de tomates, l'ail écrasé, le thym et l'origan, saler et poivrer à volonté.

✦Laisser mijoter 15 min jusqu'à évaporation de l'eau.

Finition

✦Préchauffer le four à 180 °C (th. 6).

✦Dans un saladier, battre les œufs en omelette, ajouter les légumes et goûter pour rectifier l'assaisonnement.

✦ Sortir la pâte du frigo et la travailler au rouleau en la laissant assez épaisse car les légumes vont rendre de l'eau en cours de cuisson.
✦ Beurrer largement un moule à tarte, étaler la pâte, badigeonner la moutarde en couche épaisse, puis répartir dessus le mélange légumes et œufs.
✦ Faire cuire 45 min à four en surveillant la cuisson, surtout si le four est à chaleur tournante.
✦ Laisser refroidir et servir froid arrosé d'un filet d'huile d'olive.

VARIANTE

Tarte à la tomate et à l'origan. Pour une version rapide, réaliser la même pâte, tartiner le fond de pâte de moutarde et déposer d'épaisses rondelles de tomates, saupoudrer d'origan, cuire 35 à 40 min au four à 180 °C (th. 6).

Suggestion de menu

~ *Tarte aux courgettes et aux tomates*
~ Salade verte
~ Mousse d'abricot, 254

Un tavel rosé

Pissaladière

Ce plat typiquement niçois (littéralement « poisson salé ») doit son nom au pissalat, condiment à l'aspect d'une purée grise qui est faite avec de la poutine, mélange d'alevins, de sardines et d'anchois. Il s'agit d'une pizza rustique où prédomine l'anchois. La réussite d'une bonne pissaladière dépend de la qualité de la pâte à pain utilisée et au soin qu'on aura pris à réduire les oignons en compote.

Pour 6 personnes

Préparation : 2 h
Levée de la pâte : 20 min
Cuisson : 2 h (compote d'oignons)
25 min (pissaladière)

Ingrédients

500 g de pâte à pain
12 filets d'anchois au sel, préalablement dessalés
24 petites olives noires de Nice
Poivre du moulin

Compote d'oignons
3 kg d'oignons
4 gousses d'ail
1 bouquet garni (1/2 feuille de laurier, 1 branche de sarriette, 1 branche d'origan)
15 cl d'huile d'olive
2 pincée de sel

La pâte à pain
Demandez à votre boulanger 500 g de pâte à pain au levain.

Préparation de la compote d'oignons

✦ Peler et émincer les oignons en rondelles.

✦ Dans une cocotte, faire chauffer l'huile d'olive, et faire revenir les rondelles d'oignon à feu très doux avec les gousses d'ail pelées et entières, et le bouquet garni.

✦ Couvrir et laisser compoter les oignons à feu très doux pendant au moins 2 h en secouant vivement la cocotte à intervalles réguliers pour éviter qu'ils ne brûlent.

✦ Vérifier la fin de cuisson en écrasant une rondelle d'oignon à la fourchette : elle doit s'écraser mollement. Si ce n'est pas le cas, continuer la cuisson.

Montage de la pissaladière

✦ Sur un plan de travail fariné, étirer la pâte à pain en lui donnant une forme ronde. La pâte doit faire environ 3 mm d'épaisseur.

✦ Poser cette pâte sur une plaque à pâtisserie légèrement humidifiée au préalable.

✦ La recouvrir d'un linge propre et la laisser monter 20 min dans un endroit tiède et sans courant d'air.

✦ Préchauffer le four à 210 °C (th. 7) pendant 15 min.

✦ Enfourner ensuite la plaque à pâtisserie et faire cuire la pâte pendant 10 min.

✦ Retirer l'ail et le bouquet garni de la compote d'oignons. Saler très légèrement à cause des anchois.

✦ Prélever les oignons à l'écumoire pour éviter de prendre trop d'huile. Tartiner la pâte à pain de cette compote. Décorer avec les filets d'anchois et les olives.

✦ Remettre au four 15 min. À la sortie du four donner un tour de moulin à poivre.

✦ Servir la pissaladière chaude.

LE SECRET DE MA MÈRE

~ Ma mère prépare sa compote par kilos et la congèle par petits sacs, ce qui permet une réalisation express.

~ Elle fait de même pour la pâte à pain qu'elle commande chez son boulanger.

BON À SAVOIR

~ **Surgelé.** Il existe désormais de l'excellente pâte à pain en surgelés.

~ **Apéritif.** J'étale ma pâte à pain en lui donnant une forme de rectangle et je découpe des petites parts carrées que je sers chaudes ou froides.

Suggestion de menu

~ *Pissaladière*

~ Soles rôties à la sauge, 180

~ Les fraises de Clara, 238

🍷 Un jurançon blanc sec

Tatin d'anchois frais

Ma mère rapporte chaque année de Collioures, la capitale de l'anchois, des bocaux d'anchois au sel qu'elle conserve de longs mois au frais. Pour cette tarte, elle utilise des anchois frais quand elle a la chance d'en trouver.

Pour 6 personnes

Préparation : 20 min
Cuisson : 40 min

Ingrédients

1 pâte feuilletée pur beurre prête à dérouler (ou 1 pâte brisée non sucrée)
10 anchois frais
1,5 kg de tomates à chair ferme
2 gousses d'ail
1 brin de thym
1 brindille de romarin
1 bouquet de basilic
4 cuil. à soupe de tapenade (p. 16)
5 cuil. à soupe d'huile d'olive
1 cuil. à soupe de sucre en poudre
Sel, poivre

Anchois
Vous pouvez utiliser des anchois au sel que vous aurez préalablement fait dessaler.

Préparation des tomates et du basilic

✦ Laver, sécher et ciseler les feuilles de basilic pour obtenir 2 cuil. à soupe d'herbes que vous ferez macérer avec 2 cuil. à soupe d'huile d'olive.

✦ Couper 4 tomates en rondelles épaisses, enlever les graines. Saler et laisser dégorger 10 min.

✦ Pendant ce temps, plonger les tomates 20 s dans une casserole d'eau bouillante. Puis les passer sous l'eau froide, les peler et les couper en deux horizontalement. Ôter les graines, couper la chair des tomates en petits cubes.

✦ Dans une poêle, faire chauffer 3 cuil. à soupe d'huile d'olive, y faire fondre doucement la chair des tomates, les gousses d'ail écrasées, le sucre, le thym et le romarin pendant environ 10 min.

✦ En fin de cuisson retirer le thym et le romarin.

Préparation des anchois

✦ Nettoyer les anchois, les sécher dans du papier absorbant, enlever la tête à l'aide d'un couteau fin.

✦ Ouvrir les anchois en deux par le ventre, les vider et retirer la colonne vertébrale et les plus grosses arrêtes. Avec du papier absorbant, essuyer les filets. Saler et poivrer côté chair.

Montage de la tarte

✦ Préchauffer le four thermostat à 210 °C (th. 7).

✦ Garnir un moule à tarte de papier sulfurisé huilé.

✦ Poser les filets d'anchois peau vers le fond en étoile, les recouvrir des rondelles de tomates.

✦Ajouter la purée de tomates mélangée à la tapenade.

✦Dérouler ensuite le disque de pâte feuilleté. Le piquer à l'aide d'une fourchette. Prendre bien soin de faire glisser le bord de la pâte tout autour et jusqu'au fond du moule comme pour une tarte Tatin traditionnelle.

✦Enfourner la tarte 20 à 25 min, elle doit être bien dorée.

✦À la sortie du four, attendre 5 min, arroser d'huile aromatisée. Décorer avec quelques feuilles entières de basilic.

✦Manger tiède.

Pâte
En l'absence de pâte feuilletée, vous pouvez utiliser une pâte brisée en veillant à ce qu'elle ne soit pas sucrée.

Le secret de ma mère

Pour rendre sa pâte plus dorée et plus croustillante, ma mère bat un œuf entier en omelette dans un bol et utilise un pinceau pour en badigeonner la pâte.

Bon à savoir

À l'avance. Vous pouvez préparer n'importe quand votre purée de tomates et la congeler, ainsi ce plat deviendra très rapide à préparer.

Variante

Tatin de sardines. Vous pouvez remplacer les anchois frais par des sardines fraîches.

Suggestion de menu

~ *Tatin d'anchois frais*
~ Salade verte
~ Crème brûlée aux calissons, 252

Un côtes du roussillon rosé
ou un alsace sylvaner

Tatin de lapereau et de tapenade

Pour 6 personnes

Préparation : 20 min
Repos au frais : 10 min
Cuisson : 15 à 20 min

Ingrédients

1/2 lapereau
1 pâte feuilletée pur beurre prête à dérouler
3 tomates
2 aubergines
1 oignon moyen
4 cuil. à soupe d'huile d'olive
1 œuf
20 g de beurre pour le moule

Concassée de tomates à la tapenade
2 tomates
1 gousse d'ail
1 échalote
4 feuilles de basilic
150 g de tapenade (p. 16)
3 cuil. à soupe d'huile d'olive
Sel, poivre

La concassée de tomates à la tapenade

✦ Plonger les tomates 20 s dans une casserole d'eau bouillante. Puis les passer sous l'eau froide, les peler et les couper en deux horizontalement. Ôter les graines.

✦ Éplucher l'ail et l'échalote, les couper en petites lamelles et couper la chair des tomates en gros cubes.

✦ Faire compoter ce mélange dans une casserole avec l'huile d'olive, le basilic haché, du sel et du poivre. En fin de cuisson, ajouter la tapenade et mélanger.

La garniture

✦ Désosser le lapereau à vif à l'aide d'un bon couteau ou demander de l'aide à votre boucher.

✦ Couper les aubergines en fines rondelles avec leur peau, les faire dorer à la poêle dans 3 cuil. à soupe d'huile d'olive.

✦ Couper les tomates en rondelles.

✦ Émincer l'oignon et le faire fondre à la poêle, dans 1 cuil. à soupe d'huile d'olive, ajouter les morceaux de lapereau, les faire revenir et bien dorer. Laisser refroidir en vérifiant l'assaisonnement.

Montage de la Tatin

✦ Placer au fond d'un moule à tarte un peu haut de bord et préalablement beurré, les morceaux de lapereau émincés, les rondelles d'aubergines et de tomates, recouvrir de la concassée de tomates à la tapenade.

✦ Recouvrir de la pâte feuilletée et, comme pour une vraie tarte Tatin, rentrer la pâte entre le moule et la garniture pour bien la retenir.

✦Piquer cette pâte à la fourchette, laisser au frais 10 min.
✦Casser l'œuf dans un bol, le battre à la fourchette et, à l'aide d'un pinceau, badigeonner la pâte à tarte d'œuf battu.
✦Préchauffer le four à 240 °C (th. 8).
✦Au bout de 10 min, baisser la température du four à 180 °C (th. 6) et enfourner la tarte pour 15 min.
✦Avant de sortir la tarte du four, vérifier la couleur de la pâte, qui doit être bien dorée mais non grillée.
✦Démouler en retournant la pâte, comme une Tatin aux pommes.

Choix de la pâte feuilletée
Il est important de choisir une bonne pâte feuilletée : qu'elle soit fraîche ou surgelée, elle doit comporter la mention « pur beurre ».

LE SECRET DE MA MÈRE

Ma mère fait revenir le foie du lapereau et le dispose en fines lamelles au moment de servir en décorant sa tarte de feuilles de basilic.

Suggestion de menu

~ *Tatin de lapereau à la tapenade et salade verte*
~ Fraises en salade au basilic, 239

Un lirac rosé

Lapin en terrine de Jeannot

Un emprunt à mon ami Jean qui n'a rien de Jeannot lapin... Il a rédigé il y a quelques années un recueil de succulentes recettes destiné à l'un de ses petits-fils. Il ne m'en voudra pas aujourd'hui, j'en suis sûre, de lui rendre ainsi hommage, bien qu'il précise dans son introduction un tantinet macho que, pour lui, « les femmes font la cuisine, mais ce sont les hommes qui l'inventent... » Hou !

Pour 6 personnes

Préparation : 30 min
Cuisson : 1 h 45
Repos au frais : 1 nuit

Ingrédients

1 lapin d'1,5 kg
2 couennes de lard
4 à 5 carottes moyennes
2 oignons
2 gousses d'ail
1 bouquet d'estragon
1 brin de thym
2 feuilles de laurier
1 citron
15 grains de poivre
1 bouteille de vin blanc
1 verre de cognac
250 g de farine
Sel, poivre du moulin

Cuisson du lapin

✦ Préchauffer le four à 180 °C (th. 6).
✦ Découper le lapin en gros morceaux.
✦ Éplucher les carottes et les oignons.
✦ Dans une cocotte en fonte ou en terre cuite, placer 1 couenne de lard, les morceaux de lapin, les rondelles de carottes et les rondelles d'oignons.
✦ Couper le citron en rondelles épaisses et les ajouter à la terrine avec les grains de poivre, les gousses d'ail entières pelées, le laurier, le bouquet d'estragon tel quel et les brins de thym entiers.
✦ Mouiller avec le cognac et le vin blanc, saler, poivrer.
✦ Déposer la seconde couenne sur le dessus du plat.
✦ Luter le plat (c'est-à-dire rendre le couvercle hermétique par un ruban fait d'un mélange de farine et d'eau).
✦ Enfourner pour 1 h 45.

Montage de la terrine

✦ Quand la terrine est bien refroidie, désosser le lapin, ce qui se fait sans peine car la chair est très cuite et ne résiste pas.
✦ Replacer les morceaux de chair ainsi que tout le jus de cuisson, laurier et citron compris, dans un joli plat en porcelaine.
✦ Oublier 1 nuit ou plus au réfrigérateur et déguster avec une salade verte.

Le secret de Jean

Mon ami Jean ne stipule pas dans sa recette initiale de désosser le lapin, mais sa terrine est bien meilleure ainsi.

Bon à savoir

Quand le mélange farine et eau a pris une belle couleur de pain doré, la terrine est cuite, c'est un excellent minuteur lorsqu'on a cassé le sien.

Suggestion de menu

~ *Lapin en terrine de Jeannot*
~ Salade du Gavot au chèvre, 82
~ Omelette grand-mère au pastis, 276

Un sancerre rosé

Terrine de lapin au basilic

Nous avons la chance à Oraison de pouvoir nous fier encore à quelques fermiers voisins pour déguster des lapins dignes de ce nom ; cette terrine d'été mérite un bon lapin à la chair ferme et goûteuse que vous trouverez sur un marché auprès de producteurs locaux ou chez un bon boucher.

Pour 6 personnes

Préparation : 1 h 30
Cuisson : 1 h 15 (gelée)
45 min (terrine)
Repos au frais : 1 nuit

Ingrédients

1 lapin fermier de 2 kg
4 tomates
1 oignon
20 feuilles de basilic
1 brin de thym
6 cuil. à soupe d'huile d'olive
Sel, poivre du moulin

Gelée

1/2 pied de veau
1 carotte
1 oignon
1 bouquet garni
Sel, poivre du moulin

✦ Préchauffer le four à 210 °C (th. 7)

Préparation de la gelée

✦ Faire désosser le lapin par le boucher ou le fermier. Conserver les os.
✦ Dans une casserole, placer le demi-pied de veau, les os du lapin, la carotte pelée coupée en rondelles, l'oignon entier, le bouquet garni, du sel et du poivre.
✦ Arroser de 1 litre d'eau.
✦ Faire cuire à petits bouillons 1 h 15 en ajoutant au besoin un peu d'eau en cours de réduction.

Préparation de la terrine

✦ Couper la chair du lapin en gros morceaux. Saler et poivrer chaque morceau.
✦ Dans une terrine en fonte ou en terre cuite, placer une couche de rondelles de tomates, une couche de rondelles épaisses d'oignons et les morceaux de lapin.
✦ Ajouter du basilic, du thym émietté et de l'huile d'olive et alterner les couches.
✦ Terminer par une couche de rondelles de tomates.
✦ Placer la terrine au bain-marie dans un grand plat à gratin par exemple.
✦ Faire cuire 45 min au four.
✦ Juste avant la fin de la cuisson, penser à filtrer la gelée.

✦ Une fois la cuisson terminée, retirer le jus de la terrine et l'ajouter à la gelée filtrée.

✦ Recouvrir la terrine de cette gelée parfumée et placer au frais 1 nuit durant.

LE SECRET DE MA MÈRE

Elle ajoute des rondelles de citron à sa terrine et quelques graines de coriandre.

Suggestion de menu

~ *Terrine de lapin au basilic*

~ Légumes à la provençale, 205

~ Gâteau au citron d'Hyères, 244

Un côtes de provence rosé

(Pétale de rose de Gassin)

Les viandes

Petites cailles rôties à la cannelle et aux poireaux

J'ai une peur bleue des oiseaux et depuis toujours, mes amis et ma famille connaissent à la fois ma gourmandise et ma hantise de tout volatile. Cela ne m'empêche pas de les apprécier, dans mon assiette s'entend. Petite, dans la maison de mes grands-parents, le grand jeu de mon frère Pierre était de me faire peur avec les cailles que préparait ma grand-mère, il les cachait derrière son dos et venait soudain les brandir devant moi. Il n'a cependant jamais réussi à me dégoûter de ces cailles rôties, délicieusement préparées par Nène, ma grand-mère.

Pour 6 personnes

Préparation : 45 min
Cuisson : 35 min

Ingrédients

12 petites cailles ou 6 belles cailles de Bresse
6 blancs de poireau
1 gousse d'ail
150 g de beurre
2 cuil. à soupe de vinaigre balsamique
4 cuil. à soupe d'huile de noix
10 cl de fond de veau
1 pincée de cannelle
Sel, poivre du moulin

La cuisson des cailles et des poireaux

✦ Dans une cocotte en fonte, faire chauffer 80 g de beurre puis faire revenir vos cailles pendant 10 min en ayant soin de les assaisonner avec de l'ail écrasé, du sel, du poivre et de la cannelle.

✦ Pendant qu'elles cuisent, laver et découper les blancs de poireau en petits tronçons de 1 cm de long.

✦ Dans une casserole, faire chauffer le beurre restant et faire suer les poireaux environ 10 min en les salant à votre convenance. Réserver.

La vinaigrette

✦ Préparer une bonne vinaigrette en rassemblant dans l'ordre suivant, du sel, le vinaigre balsamique et enfin l'huile de noix.

Le désossage

✦ Il s'agit ensuite de vous livrer à l'entreprise la plus fastidieuse qui est celle de désosser les cailles, vos invités vous en seront certainement reconnaissants, même s'il est admis que les cailles se mangent avec les doigts.

✦ Utiliser pour cela un bon couteau, fin et bien aiguisé. Soyez patient, le plat en vaut la chandelle.

Le jus

✦ Avec les os et le fond de veau, préparer un jus en laissant réduire au moins 20 min.

La finition

✦ Au moment de servir, dresser les morceaux de cailles, réchauffés dans leur jus, sur des assiettes chaudes, accompagnés des poireaux assaisonnés de vinaigrette.

Bon à savoir

Rapide. Si vous n'avez pas la patience de désosser les cailles, contentez-vous de les découper proprement et sacrifier 2 ou 3 ailes à la confection du jus.

Choix des cailles
Il est préférable d'acheter vos cailles chez un bon volailler ou un bon boucher. Si vous avez la chance de trouver des cailles dans une ferme, n'hésitez pas à en prendre 2 par personne. Les cailles, malgré l'expression « gras comme une caille », ne sont pas énormes et un bon convive appréciera d'en manger au moins 2, surtout si votre préparation est réussie.

Suggestion de menu

~ Tartine au caviar d'aubergines et à la mozzarella, 26

~ *Petites cailles rôties à la cannelle et aux poireaux*

~ Charlotte aux poires et au pain d'épices, 260

Un châteauneuf-du-pape rouge ou un vacqueyras

Pigeonneaux au miel
et aux oignons glacés

J'ai souvent été en peine d'imagination devant les superbes pigeonneaux proposés par le boucher d'Oraison au mois de mai, le mois où ils sont les plus goûteux, les plus tendres : au four, à la cocotte ?
Ma grand-mère ne m'avait laissé aucune indication pour venir à bout de ces volatiles. Aussi, en croisant les conseils des uns et des autres, j'ai mis au point cette recette qui accommode agréablement un pigeon à chair tendre dont vous saurez contrôler l'origine.

Pour 6 personnes

Préparation : 30 min
Cuisson :
1 h (pigeons)
20 min (petits pois)
15 min (oignons glacés)

Ingrédients

1 pigeon par personne ou 1 pigeon pour deux si le pigeon est de belle taille
1 kg de petits pois frais écossés
2 cuil. à soupe de miel de lavande ou de romarin
1 cuil. à soupe de vinaigre
250 g de lard maigre
1/2 litre de vin blanc sec

Farce
250 g de semoule de couscous fine

Préparation de la farce

✦ Ébouillanter la graine de couscous avec de l'eau et travailler à la fourchette jusqu'à obtention d'une graine qui se détache bien, beurrer avec une grosse cuillerée à soupe de beurre frais.
✦ Éplucher les carottes et les découper en petits cubes bien fins, faire cuire doucement dans 2 cuil. à soupe d'huile d'olive avec de la noix muscade.
✦ Dans 1 cuil. à soupe d'huile d'olive, faire revenir la tomate coupée en dés, avec ou sans sa peau.
✦ Dans un saladier, mélanger la graine de couscous, les tomates, les carottes, l'ail écrasé, du sel, du poivre, en faire une farce compacte.

Préparation des pigeons

✦ Vider et flamber les pigeons, supprimer la tête et les pâtes, conserver le foie qui ne contient pas de fiel.
✦ Farcir les pigeons avec la préparation ci-dessus.
✦ Couper le lard en petits cubes fins.
✦ Dans une cocotte, faire transpirer le lard, sans ajout de matière grasse, ajouter les pigeons et les faire revenir.
✦ Caraméliser doucement les pigeons avec le miel, puis mouiller de vin blanc et d'un rien de vinaigre.

✦ Surveiller la cuisson qui doit durer d'abord 35 min, ajouter de l'eau si le jus vient à manquer. Au bout des 35 min, glisser les petits pois écossés et relancer la cuisson pour au moins 20 min, surveiller aussi la cuisson des petits pois qui doivent rester un brin croquants.

Préparation des oignons confits

✦ Glacer au beurre les petits oignons recouverts de sucre, c'est-à-dire que, dans une poêle, vous ferez blondir les oignons dans le beurre chaud, sans que jamais ils ne brûlent, la cuisson est lente et doit être surveillée. Elle dure environ 15 min.

Le secret de ma mère

Elle ajoute de temps en temps à sa farce une poignée de raisins de Corinthe trempés dans du rhum et un peu de cannelle en poudre.

Bon à savoir

Rapide. Les pigeons peuvent être cuits à la broche : selon leur taille, on comptera entre 20 et 30 min au tournebroche.

Variante

Pigeons des félibres. Remplacer les petits pois par des cœurs de céleri préalablement blanchis.

1 tomate
3 cuil. à soupe d'huile d'olive
1 cuil. à soupe de beurre frais
3 carottes
1 râpée de noix de muscade
2 gousses d'ail
Sel, poivre

Oignons confits
20 oignons grelots
3 cuil. à soupe de beurre
3 cuil. à soupe de sucre en poudre

Choix des pigeons
C'est au mois de mai que ce volatile est le plus tendre, fiez-vous à votre fermier ou à votre boucher et trouvez des pigeons fermiers dont la chair est plus brune que la chair des poulets.

Suggestion de menu

~ Tartine au caviar d'aubergines et au chèvre frais, 26
~ *Pigeonneaux au miel et aux oignons glacés*
~ Flan au potiron, 258

Un madiran ou un irouléguy rouge

Pintade aux épices
et aux figues

J'ai un faible pour les mélanges sucrés-salés et je dois dire que je regrette que la saison des figues ne soit pas plus longue. Ces fruits s'accommodent en effet de mille façons. Les figues sont délicieuses avec un canard, un bon magret, ou avec cette robuste pintade qui conserve tout son moelleux si vous la traitez en douceur, comme le fait ma mère, par exemple en la faisant cuire au four froid pendant presque 2 heures.

Pour 6 personnes

Préparation : 10 min
Cuisson : 1 h

Ingrédients

1 belle pintade
12 figues
1 petit suisse ou 1 pomme
1 cuil. à café de 4-épices
1 cuil. à café de cannelle
3 cuil. à soupe de miel liquide
2 cuil. à soupe d'huile d'arachide
Sel, poivre

✦ Préchauffer le four à 240 °C (th. 8).

✦ Dans la pintade vidée de ses abats, glisser le petit suisse ou la pomme épluchée coupée en quatre, saler et poivrer.

✦ Mélanger les 4-épices avec 1 cuil. à soupe d'huile d'arachide et masser la pintade avec ce mélange.

✦ Enfourner la pintade à four bien chaud pour 60 min.

✦ 10 min avant la fin de la cuisson de la pintade, disposer les figues entières fendues sur le dessus, pour éviter l'éclatement, saupoudrer de cannelle et arroser de miel liquide.

✦ Servir la pintade découpée et 2 figues par assiette.

Le secret de ma mère

~ Ma mère sert cette pintade avec un couscous complet dans lequel elle ajoute quelques raisins de Corinthe, préalablement trempés dans du thé chaud, et quelques dattes découpées finement.

~ Elle pratique aussi une cuisson sans préchauffage : après avoir mis la pintade au four froid, elle allume le four à 125 °C (th. 4) et laisse cuire 1 h 50. Vous pouvez utiliser le même type de cuisson pour un bon poulet fermier.

Bon à savoir

Minceur. La pintade est la reine des volailles, plus goûteuse que le poulet ; elle offre l'énorme avantage d'une viande maigre et qui compte peu de calories. Pour une version « politiquement correcte », remplacer les figues et le miel par une poêlée d'aubergines.

Suggestion de menu

~ Salade de fenouil cru au pastis, 84
~ *Pintade aux épices et aux figues*
~ Glace à la verveine, 280

🍷 Un bandol rouge (Château Pibarnon)

Mignons de porc aux mendiants

Les mendiants sont les fruits secs que l'on sert traditionnellement le soir du 24 décembre avec les 13 desserts. On les appelle ainsi car leur couleur rappelle celle des bures des moines des ordres mendiants. Ma mère utilise souvent ces fruits secs avec le poulet ou, comme ici, avec du porc. Le mélange sucré-salé a ma préférence, il est probablement un apport de l'Orient à la cuisine provençale, peu portée en général sur ce type de mélange. C'est donc une liberté que j'ai prise de moderniser un brin une cuisine de tous les midis...

Pour 6 personnes

Préparation : 30 min
Cuisson : 10 à 12 min

Ingrédients

Filets mignons
1,2 kg de filet mignon
2 œufs
75 g de beurre
100 g de farine
200 g de fruits secs (mélange de pignons de pin, de noisettes et de pistaches)
5 cl d'huile d'arachide
1 cuil. à café de paprika
1 cuil. à soupe de sucre en poudre
1 trait de vin de noix
Sel, poivre du moulin

Pommes et légumes
75 g de beurre
4 pommes Canada
1 cuil. à café de cannelle

Cuisson des escalopes

✦ Découper les filets mignons en tranches fines et régulières.
✦ Assaisonner de poivre, sel et paprika.
✦ Dans une assiette creuse, placer la farine, dans une autre les 2 œufs battus en omelette et dans une troisième les fruits secs concassés.
✦ Passer rapidement les petites escalopes dans la farine, puis dans les œufs et enfin dans les fruits secs. Réserver.
✦ Faire cuire rapidement ces escalopes dans une poêle avec 75 g de beurre et 5 cl d'huile d'arachide. Elles doivent être bien dorées après quelques minutes de cuisson.

Préparation de la concassée de tomates

✦ Plonger les tomates 15 s dans une casserole d'eau bouillante, puis les peler, les épépiner et couper la chair en petits cubes.
✦ Dans une poêle, sans ajouter de matière grasse, faire suer les petits cubes de tomates avec les gousses d'ail écrasées et les échalotes coupées en lamelles fines.
✦ Laisser fondre 5 à 6 min. Poivrer.

Préparation des légumes et des pommes

✦ Peler les pommes, les détailler en lamelles, saupoudrer de cannelle.

200 g de carottes
200 g de courgettes

Concassée de tomates
200 g de tomates
40 g d'échalotes
2 gousses d'ail

✦ Dans une poêle, faire chauffer 75 g de beurre et faire sauter les pommes quelques minutes pour leur donner une belle couleur blonde.

✦ Laver les carottes et les courgettes, les découper en petits cubes et les faire blanchir dans une casserole d'eau bouillante pendant 12 min.

Finition

✦ Pendant ce temps, faire réduire encore un peu la concassée de tomates en ajoutant le vin de noix et un peu de poivre.

✦ Dans les assiettes de service, juste au moment de passer à table, placer 1 cuil. à soupe de concassée de tomates au vin de noix, puis les escalopes de filet mignon et répartir les légumes et les pommes autour.

Le secret de ma mère

Vin de noix. Ma mère a remplacé le porto de la recette initiale par du vin de noix qui relève le goût des fruits secs.

Variantes

~ ***Grenadins de veau aux mendiants.*** Remplacer les filets mignons de porc par 1 grenadin de veau par personne.

~ ***Escalopes de volaille aux mendiants.*** Remplacer les filets mignons de porc par 1 escalope de volaille par personne.

Suggestion de menu

~ Pain de courgettes, 66
~ *Mignons de porc aux mendiants*
~ Couronne de fruits en gelée au muscat de beaumes-de-venise, 236

Un gigondas rouge

Travers de porc au miel et aux pêches
Les petits os de Mai

Au fil des années, la famille s'est élargie et le Vietnam et l'Alsace sont entrés dans notre vie par le biais de nos conjoints respectifs. Ma mère a donc subi les influences culinaires de ces deux cultures et notamment celle du Vietnam, dont on ne vantera jamais assez la richesse et la subtilité. Ma belle-sœur Mai étant un fin cordon bleu, c'est elle qui nous a appris à utiliser le miel de Provence et les pêches dans des préparations culinaires. Ces travers sont donc le symbole de l'alliance entre nos différentes cultures.

Pour 6 personnes

Préparation : 20 min
Cuisson : 40 min
Marinade : quelques heures

Ingrédients

2 kg de travers de porc frais
9 grosses pêches jaunes
2 brins de coriandre
2 cuil. à soupe de sucre en poudre
40 g de beurre
Sel fin
Poivre noir et blanc

Marinade
1 gousse d'ail
3 cuil. à soupe de miel liquide
5 cl de vin blanc sec
1 cuil. à soupe de vinaigre de xérès
2 cuil. à soupe de sauce soja

Préparation des travers

✦ Découper les travers de porc en respectant le sens des os.
✦ Inciser la chair de part et d'autre des os sur 2 cm de profondeur. Tracer des croisillons au couteau sur la partie charnue.

Préparation de la marinade

✦ Peler la gousse d'ail, la passer sous l'eau froide pour la rendre plus digeste, puis l'écraser avec un presse-ail ou une fourchette.
✦ Délayer le miel avec le vin, le vinaigre, la sauce soja et la sauce Worcestershire. Arroser les travers de ce mélange.
✦ Ajouter l'ail écrasé, saler et poivrer selon votre goût.
✦ Placer les travers dans un plat à gratin et sous un film étirable pendant quelques heures, 12 h est une bonne base pour que la chair des travers s'imprègne de la marinade.
✦ Penser à retourner les travers de temps en temps.

Cuisson des travers

✦ Préchauffer le gril du four.
✦ Déposer les travers sur une grille huilée, glisser un plat dessous ou la lèchefrite pour recueillir le jus de cuisson.

✦Cuire 35 à 40 min en retournant et en arrosant souvent de marinade. Rectifier l'assaisonnement en cours de cuisson.

Cuisson des pêches

✦Pendant la cuisson des travers, laver, sécher et dénoyauter les pêches en les coupant en deux.

✦Dans une poêle, faire chauffer le beurre et faire rôtir doucement les pêches avec leur peau.

✦À mi-cuisson, saupoudrer de sucre en poudre puis de poivre noir et blanc moulu, quand elles sont tendres et dorées, ce que vous pouvez vérifier avec la pointe d'une fourchette.

✦Dresser les travers entourés de pêches, décorer avec la coriandre fraîche.

✦Servir avec le jus de cuisson en saucière.

LE SECRET DE MA MÈRE

Quand ma mère ne dispose pas de miel liquide, elle passe le miel quelques instants au micro-ondes pour le fluidifier.

BON À SAVOIR

~ **Soja.** Il existe 2 sortes de sauce soja, la sauce soja japonaise et la sauce soja chinoise. La sauce chinoise fera très bien l'affaire.

Suggestion de menu

~ Salade d'été retour d'Italie, 80
~ *Travers de porc au miel et aux pêches*
~ Riz blanc
~ Soupe de raisins au muscat de beaumes-de-venise, 268

Un alsace riesling

2 cuil. à soupe de sauce Worcestershire
Poivre du moulin

Rapide
En été, nous décidons souvent de nos menus au dernier moment. Nous ne faisons donc pas macérer les travers pendant 12 h au frais. Nous sommes simplement plus généreuses avec les 2 sauces et faisons pénétrer la marinade en massant chaque travers quelques minutes.

Couleur
Pour éviter que les travers ne se colorent trop vite, pensez à placer une feuille de papier aluminium sur leur dessus lorsqu'ils sont au four et que la coloration voulue est atteinte.

Foie gras frais
aux figues caramélisées

Les belles figues fraîches qui, par deux fois, viennent s'offrir à nous en Provence, accompagnent magnifiquement des escalopes de foie frais. Le problème, c'est que souvent pendant l'été, nos bouchers favoris n'ont pas de foie frais, réservant ces produits de luxe aux fêtes carillonnées. J'ai résolu ce problème en conservant au congélateur à longueur d'année 1 ou 2 lobes de foie gras frais que j'achète à la saison des foies.

Pour 6 personnes

Préparation : 15 min
Cuisson : 5 min

Ingrédients

1 lobe de foie gras frais de canard dénervé
12 figues
150 g de beurre
150 g de sucre en poudre
1/2 litre de bon vin rouge
6 tranches de pain de la veille
4 œufs
1/2 litre de lait
1 pincée de noix muscade
Sel, poivre

Préparation des figues et du pain perdu

✦ Laver, puis couper les figues en quatre.

✦ Dans une poêle, faire fondre 100 g de beurre et faire revenir les quartiers de figues avec 100 g de sucre.

✦ Dans une casserole, faire bouillir le vin rouge et le faire réduire avec le sucre restant jusqu'à ce que l'alcool s'évapore, il faut compter 8 à 10 min environ.

✦ Déglacer les figues avec ce sirop en raclant les sucs de cuisson des fruits au fond de la poêle, c'est le meilleur, réserver.

✦ Dans un saladier, casser les œufs, les battre à la fourchette en ajoutant le lait, du sel, du poivre et la muscade râpée, juste une pincée.

✦ Faire fondre le beurre restant dans une poêle.

✦ Quand le beurre est chaud, tremper rapidement les tranches de pain dans le mélange œufs et lait et les faire poêler pour leur donner couleur.

Cuisson du foie

✦ Couper 6 escalopes dans le foie gras cru.

✦ Dans une poêle antiadhésive, faire dorer les escalopes de foie gras 2 min de chaque côté.

✦Dresser dans chaque assiette une tranche de pain doré, les escalopes de foie gras et l'équivalent de 2 figues par assiette.
✦Déguster rapidement car le seul inconvénient de ce plat magnifique, c'est qu'il refroidit très vite.

Le secret de ma mère

Prudente, ma mère prend toujours soin de préchauffer ses assiettes soit en les plaçant quelques minutes dans un four chaud, soit en utilisant un système de résistance intercalée entre les assiettes.

Bon à savoir

Facile. Les surgelés Picard commercialisent depuis peu des foies gras crus déjà dénervés et prêts à être cuits, qui rendent vraiment la vie facile. Ne vous en privez pas !

Suggestion de menu

~ Melon glacé au vin de framboise, 54
~ *Foie gras frais aux figues caramélisées*
~ Gâteau à la chapelure, 249

Un graves rouge

Rôti de chevreau de Forcalquier

Le chevreau était, en Provence, une viande des jours de fête, traditionnellement consommée à Pâques. Les recettes les plus connues sont la blanquette de chevreau et, plus original, le pot-au-feu de chevreau, préparé à Valgaudemar, avec ses pommes de terre, choux et carottes.

Pour 6 personnes

Préparation : 20 min
Cuisson à la broche : 15 min par 500 g

Ingrédients

1 gigot de chevreau
1 citron
4 gousses d'ail
1 brin de romarin
Sel, poivre du moulin

Chapelure
À mi-cuisson, tartiner le gigot de chevreau d'un mélange de chapelure, moutarde, sel et poivre, et accompagner de fèves fraîches cuisinées avec des oignons pendant environ 20 min.

✦ Préchauffer le gril du four 15 min.
✦ Enfourner le gigot à la broche bien salé et poivré.
✦ Dans la lèchefrite, placer l'ail en chemise, des rondelles de citron et le romarin, recouvrir d'un bon verre d'eau.
✦ Cuire le temps nécessaire (15 min par 500 g de viande).
✦ Racler le fond de la lèchefrite et préparer un bon jus avec les sucs de cuisson, le citron et l'ail, que l'on prendra soin de recueillir, fondu et débarrassé de sa peau.
✦ Servir bien chaud avec quelques pommes de terre sautées ou une salade de laurige, salade sauvage qui pousse en avril dans les champs de vieilles lavandes.

Le secret de ma grand-mère

Sauce aux anchois. Ma grand-mère ajoutait quelques filets d'anchois dans sa lèchefrite et les incluaient dans le jus qu'elle servait toujours en saucière.

Suggestion de menu

~ Tartines au chèvre frais et aux poivrons rouges, 27
~ *Rôti de chevreau de Forcalquier*
~ Faux soufflé aux cerises, 256

Un cabardès rosé (Domaine de Cabrol)

Blanquette de cabri de Pâques

Le cabri se mange à Pâques, où il est le plus tendre et il se prépare en blanquette, comme du veau, c'est un mets rare mais succulent, la viande est maigre et rapide à cuire.

✦ Découper la viande en morceaux s'il s'agit de l'épaule ou en côtelettes.
✦ Dans une sauteuse, faire chauffer l'huile et faire rôtir la viande vivement puis ajouter l'ail écrasé, le persil ciselé, le laurier, le thym, la sarriette et le verre de vin blanc.
✦ Saler, poivrer puis mouiller avec un mélange farine et eau (4 verres environ pour 1 cuil. à soupe de farine).
✦ Laisser mijoter 15 à 20 min.
✦ Hors du feu, délayer les jaunes d'œufs avec un peu de jus de cuisson, réintégrer dans la blanquette sans faire bouillir.
✦ Servir bien chaud avec des pommes de terre vapeur et un peu de persil ciselé.

Variante

Blanquette de veau. Seul change le temps de cuisson, la préparation reste la même, le temps de cuisson varie selon le type de viande, 30 à 40 min pour un veau fermier.

Pour 6 personnes

Préparation : 15 min
Cuisson : 20 min

Ingrédients

1 épaule de cabri ou des côtelettes
1 bouquet de persil plat
3 gousses d'ail
2 feuilles de laurier
1 brin de thym
1 brin de sarriette
1 verre de vin blanc
2 jaunes d'œufs
1 cuil. à soupe de farine
3 cuil. à soupe d'huile d'arachide
Sel, poivre

Suggestion de menu

~ Pain de courgettes, 66
~ *Blanquette de cabri de Pâques*
~ Mousse d'abricot, 254

Un sancerre blanc

Lapin aux 3 poivrons

Pour 6 personnes

Préparation : 25 min
Cuisson : 25 min
45 min (poivrons)

Ingrédients

2 lapins coupés en morceaux
2 poivrons rouges
2 poivrons verts
2 poivrons jaunes
4 tomates
4 gousses d'ail
10 cuil. à soupe d'huile d'olive
6 brins de cerfeuil
Sel, poivre du moulin

Cuisson des poivrons

✦Dans un plat allant au four, disposer les poivrons lavés et essuyés mais entiers. Les badigeonner d'huile d'olive à l'aide d'un pinceau.

✦Préchauffer le four à 240 °C (th. 8).

✦Quand le four est bien chaud, mettre les poivrons à cuire pendant 45 min. Les retourner en cours de cuisson.

✦Lorsque vous sortez les poivrons du four, les envelopper de papier sulfurisé et les laisser refroidir.

✦Enlever leur peau en prenant soin de vous débarrasser des graines et de conserver leurs jus.

Cuisson des lapins

✦Dans une cocotte en fonte, verser l'huile d'olive et faire dorer les morceaux de lapin sur tous les côtés.

✦Pendant ce temps, plonger les tomates 20 s dans une casserole d'eau bouillante. Puis les passer sous l'eau froide. Ôter la peau et les graines, concasser leur chair.

✦Ajouter l'ail écrasé et la concassée de tomates aux morceaux de lapin, saler et poivrer.

✦Couvrir et laisser cuire 15 min, ajouter les poivrons découpés en lanières et le jus de cuisson, remettre sur feu doux encore 10 à 15 min.

✦Servir parsemé de cerfeuil ciselé.

LE SECRET DE MA MÈRE

Confiture de vin. Ma mère ajoute en fin de cuisson une cuillerée de confiture de vin que l'on trouve maintenant dans les épiceries fines, de préférence une confiture de vin blanc et moelleux.

Bon à savoir

~ **Rapide.** Vous trouverez en supermarché des râbles de lapin prédécoupé qui auront là une joyeuse façon d'être cuisinés.

~ **Minceur.** Ce plat est tout à fait diététique et le lapin est recommandé dans bien des régimes, car il s'agit d'une viande blanche et maigre, c'est une façon sympathique de faire maigre...

Variante

Poulet aux 3 poivrons. Même approche pour cuisiner des cuisses de poulet, ajuster simplement le temps de cuisson en le rallongeant d'un bon quart d'heure.

Suggestion de menu

~ Crème d'aubergine, 64
~ *Lapin aux 3 poivrons*
~ Tarte aux figues tombées, 272

Un alsace riesling

Lapin aux aubergines et au pistou

Le lapin s'adapte bien à tous les produits provençaux, il aime se dorer à l'huile d'olive, se rouler dans le thym ou encore faire alliance avec tous les légumes du terroir, poivrons, tomates ou, comme ici, aubergines.

Pour 6 personnes

Préparation : 20 min
Marinade : 1 nuit
Cuisson : 40 min

Ingrédients

2 beaux râbles de lapin coupés en 6 morceaux
2 belles aubergines

Marinade

2 gousses d'ail
2 brins de thym
12 brindilles de romarin
1 bouteille de vin blanc sec
20 cl d'huile d'olive
Sel, poivre

Pistou

1 botte de basilic
150 g de pignons
150 g de parmesan râpé
15 cl d'huile d'olive
4 gousses d'ail
1 cuil. à café de gros sel

La marinade

✦ Faire une marinade avec le vin blanc, l'huile d'olive, le thym, le romarin, l'ail écrasé et le poivre, puis laisser mariner les morceaux de lapin bien salés toute la nuit.

Le pistou

✦ Dans un mortier ou au mixeur, travailler les feuilles de basilic, les pignons, l'ail et un peu de gros sel jusqu'à obtenir une purée de pistou, ajouter alors le parmesan râpé et l'huile d'olive.

✦ Réserver au frais.

Cuisson du lapin

✦ Placer les morceaux de lapin sur la lèchefrite et faire griller le lapin au four, position gril pendant 40 min.

Cuisson des aubergines

✦ Couper les aubergines en deux dans le sens de la longueur.

✦ Les placer pendant 30 min de chaque côté des morceaux de lapin, leur chair va fondre peu à peu.

✦ Au bout de 30 min de cuisson, tartiner les aubergines de pistou et remettre sous le gril du four juste avant de servir pour les caraméliser.

✦ Servir le lapin bien doré avec les aubergines bien chaudes.

LE SECRET DE MA MÈRE

L'été, ma mère prépare son lapin au barbecue en utilisant des ceps de vigne bien secs qui donnent à la viande un goût inimitable.

Suggestion de menu

~ Salade d'été retour d'Italie, 80
~ *Lapin aux aubergines et au pistou*
~ Crème brûlée aux calissons, 252

Un médoc rouge

Jeune lapin de garenne
à la provençale

On dit cette ancienne recette venue de Brignolles près de Toulon, mais je l'ai toujours vue faire dans les Alpes de Haute-Provence, ce qui ne prouve en rien que son origine s'y situe, je vous le concède.

Pour 6 personnes

Préparation : 30 min
Cuisson : 45 min

Ingrédients

2 jeunes lapins de garenne coupés en morceaux et leurs foies
12 bardes fines de lard
1 kg de tomates fermes
200 g d'échalotes
Autant de gousses d'ail que de morceaux de lapin
1 bouquet d'herbes fraîches (1 brin d'origan, 1 brin de sarriette, 1 brin de marjolaine, 3 brins de persil plat)
10 cl d'huile d'olive
Sel, poivre du moulin

✦ Dans une sauteuse, pour colorer, faire revenir tous les morceaux de lapin dans 2 cuil. à soupe d'huile d'olive, sur toutes leurs faces.

✦ Jeter l'huile et rajouter 2 nouvelles cuillerées à soupe d'huile fraîche.

✦ Hacher grossièrement les échalotes, épépiner et découper les tomates en dés.

✦ Remettre la sauteuse sur feu doux avec les échalotes et les tomates, ajouter le bouquet d'herbes et laisser évaporer l'eau des tomates.

✦ Laisser cuire 15 min jusqu'à totale évaporation, en remuant de temps en temps. Saler, poivrer légèrement.

✦ Pendant ce temps, préchauffer le four à 210 °C (th. 7).

✦ Dans un tian ou dans un plat à gratin à bords hauts, verser le reste de l'huile.

✦ Frotter chaque morceau de lapin de sel et de poivre, envelopper chacun d'eux avec une gousse d'ail dégermée, dans une fine barde de lard frais.

✦ Déposer chaque morceau dans le tian.

✦ Recouvrir des tomates et échalotes fondues, en enlevant le bouquet.

✦ Laisser cuire 15 min.

✦ Introduire les foies en les plongeant dans la sauce, retourner les morceaux de lapin, remettre au four 10 min.

Le secret de ma mère

Ma mère ajoute une feuille de laurier dans chaque petit paquet.

Suggestion de menu

~ Soupe aux 3 poivrons, 50
~ *Jeune lapin de garenne à la provençale*
~ Omelette grand-mère au pastis, 276

Un corbières rouge

Lapin désossé en rôti
dans sa crépine

On n'utilise plus guère de crépine de porc de nos jours mais ce filet magique rend de grands services en cuisine car il permet de consolider un rôti sans utiliser de ficelle et de faciliter ainsi la cuisson. Ce lapin roulé est un régal original et très goûteux, il fera la joie des paresseux qui n'aiment pas le lapin parce qu'il y a des os dedans. Au terme de sa cuisson, bien malin d'ailleurs qui pourra dire de quelle chair il s'agit.

Préparation : 15 min
Cuisson : 1 h

Ingrédients
1 lapin de 1 kg désossé
300 g de chair à saucisse
200 g de steak haché (de bœuf)
2 tranches de jambon blanc
1 crépine de porc
1 petite truffe
2 poignées de cèpes secs
1 brindille de romarin
1 brin de thym
Sel, poivre du moulin

Choix du lapin
Demandez à votre boucher ou à votre volailler préféré de désosser le lapin.

La farce

✦ Faire tremper la crépine dans un bol d'eau chaude.

✦ Faire préchauffer le four 15 min à 180 °C (th. 6).

✦ Pendant ce temps, rouler la chair à saucisse dans les tranches de jambon blanc et déposer cette farce sur la longueur du lapin désossé.

✦ De chaque côté du jambon, de façon symétrique, répartir la viande de bœuf hachée. Ajouter le thym et le romarin.

✦ Couper la truffe en tout petits morceaux et en parsemer la viande. Saler, poivrer.

Montage

✦ Enrouler le lapin dans la crépine bien essorée. Mettre dans un plat allant au four.

✦ Enfourner pour 1 h.

Finition

✦ Pendant ce temps, faire cuire les cèpes à l'eau 15 min et les hacher.

✦ 15 min avant la fin de la cuisson du lapin, les ajouter au jus de cuisson.

Le secret de ma mère

~ Ma mère conserve toujours quelques boîtes de pelures de truffes : en l'absence de truffes fraîches, elles servent à parfumer la farce.

~ Les cèpes secs se trouvent maintenant un peu partout en supermarché. Cependant, si vous avez l'occasion de vous rendre en Toscane, profitez-en pour faire provision de ces cèpes délicieux qui se conservent une éternité.

~ Picard fournira aussi de très bon cèpes surgelés.

Suggestion de menu

~ Salade de fenouil cru au pastis, 84
~ *Lapin désossé en rôti dans sa crépine*
~ Couronne de fruits en gelée
de muscat de beaumes-de-venise, 236

Un côtes de castillon
(Château Cap Faugères)

Le civet de lapin des Alphand

Voici la recette du civet de lapin, telle que je l'ai retrouvée sur une page de livre usée, seule, laissée dans le tiroir de cuisine de ma grand-mère. Elle l'avait reçue d'une de ses amies. Cette recette est sans doute extraite d'un classique de la littérature provençale, dont je n'ai jamais réussi à retrouver la source. « Je vous l'ai dit, répète Mame à Zelmira, le vrai secret du civet, c'est le fond de la marinade et y faut y penser la veille : tu prends le foie, tu le piles, tu piles 4 gousses d'ail, un péçu d'oignon, deux baies de genièvre, quand tu peux, et ça, c'est une chose que tu le croirais jamais, deux anchois ! Je te parle pour un gros plat, sinon, tu en mets qu'un. Tu piles bien tout ensemble, que ça te rende une belle pommade. Là dedans, tu verses doucement le sang de ton lapin, tu tournes, avec bien de patience, puis chinchérin, chinchérin, tu arroses d'un verre de fine. Le lendemain, quand tu as fait cuire ta bête, tu ajoutes ça au dernier moment juste avant de lier ta sauce avec ta farine et ton vin. Tu laisses faire deux tours, sans que ça bout et tu mets ton poêlon sur le côté du fourneau. Je vous en dis des nouvelles. Tu en mangerais sur la tête d'un galeux ! » Malgré sa délicieuse rédaction, cette recette manque un brin de précision. Voici donc une version revisitée de cette recette de grand-mère, adaptée à notre vie trépidante.

Pour 6 personnes

Préparation : 20 min
Marinade : 24 h
Cuisson : 1 h 30 à 2 h

Ingrédients

1 beau lapin avec ses abats
100 g de boudin noir
80 g + 1 cuil. à soupe de farine
3 cuil. à soupe de saindoux

Marinade
Les abats du lapin
2 oignons

La veille du jour J

✦ Demander au boucher de découper le lapin en 6 à 8 gros morceaux, selon la taille de l'animal.

✦ Préparer la marinade : éplucher les oignons et les couper en rondelles, peler l'ail. Dans un grand saladier, verser le vin rouge, ajouter les rondelles d'oignon, l'ail écrasé, le verre de fine, les baies de genièvre, le laurier, le thym, le poivre en grains, le sel.

✦ Écraser avec un mortier les filets d'anchois et les abats (foie, cœur et rognons), ajouter ce mélange à la marinade.

✦ Faire chauffer doucement la marinade. Dès qu'elle arrive à frémissement, la flamber.

✦ Mettre les morceaux de lapin dans la marinade. Laisser refroidir, couvrir jusqu'au lendemain.

Le jour J

✦ Égoutter les morceaux de lapin et les sécher avec du papier absorbant. Filtrer la marinade, réserver. Préparer une assiette de farine.

✦ Dans une cocotte en fonte placée sur feu doux, faire chauffer le saindoux.

✦ Fariner les morceaux de lapin en les roulant dans la farine, sur toutes leurs faces, secouer un peu pour faire tomber l'excédent de farine.

✦ Faire revenir doucement les morceaux de lapin dans le saindoux.

✦ Quand ils ont pris une couleur dorée, ajouter la marinade filtrée.

✦ Faire cuire le lapin à feu doux pendant 1 h 30 à 2 h selon la taille du lapin, un lapin n'est jamais trop cuit.

Juste avant de servir

✦ Prélever un peu de sauce et la verser dans un bol contenant 1 cuil. à soupe de farine.

✦ Débarrasser le boudin de sa peau et le mélanger à cette préparation.

✦ Verser le tout dans le civet et donner un tour de bouillon qui épaissira la sauce.

Service

✦ Servir avec des pommes de terre à l'eau, des pâtes fraîches ou encore des tranches de polenta.

BON À SAVOIR

Ce plat présente le grand mérite de pouvoir attendre et d'être réchauffé.

Il peut être préparé la veille et les opérations peuvent être morcelées. De ce fait, malgré la longueur de la recette, ce civet est facile et pratique à réaliser.

4 gousses d'ail
1 brin de thym
1 feuille de laurier
2 filets d'anchois
1 bouteille de vin rouge de bonne qualité
1 verre de fine (marc de pays ou cognac)
3 baies de genièvre
1 cuil. à café de poivre en grains
Sel fin

VARIANTE

Foies de volaille. Si vous préférez, vous pouvez remplacer le boudin noir par 3 foies de volaille hachés.

Suggestion de menu

~ Confit de poivrons orange, 76
~ *Le civet de lapin des Alphand*
~ Glace à la lavande, 281

Le vin qui a servi à la marinade, un bourgogne rouge (passetoutgrain), un tursan, un côtes du rhône ou un madiran

Magrets de canard aux figues de Dabisse

J'adore les figues sous toutes leurs formes : fraîches, sèches, chaudes, froides, cuites ou crues, elles accompagnent magnifiquement le canard pour ceux qui apprécient le mélange sucré/salé...

✦ Faire cuire les magrets, soit à la poêle, sans ajout de matière grasse et en ayant pris soin d'entailler la peau en 4 ou 5 endroits, soit sous le gril du four pendant 2 fois 7 min, une fois côté peau, une fois côté chair.

✦ Dans une poêle, faire revenir 2 cuillères de beurre puis ajouter les figues coupées en 2, laisser blondir en ajoutant le miel et le vinaigre.

✦ Découper les magrets en petites tranches fines et régulières, présenter en rosace avec les figues au milieu (si vous avez vu Julia Roberts déguster ce plat dans *Le Mariage de mon meilleur ami*, essayez d'imiter la présentation de ce plat divin, moi, je n'y arrive pas...)

Pour 6 personnes

Préparation : 15 min
Cuisson : 14 min

Ingrédients

2 beaux magrets de canard bien gras
1 livre de figues fraîches
3 cuil. à soupe de vinaigre de cidre
3 cuil. à soupe de miel liquide
2 cuil. de beurre

Suggestion de menu

~ Soupe aux 3 poivrons, 50
~ *Magrets de canard aux figues de Dabisse*
~ Omelette grand-mère au pastis, 276

🍷 Un pomerol

Pain de poulet en gelée au basilic

La terrine des pique-niques au bord de l'eau

Rien de plus triste qu'un pique-nique jambon, chips et œufs durs. Pour transformer vos pique-niques en véritables fêtes du goût, préparez une belle terrine à manger froide, une salade de poivrons rouges, une Tatin aux pommes, au romarin et au miel caramélisé, encore tiède et quelques bouteilles de rosé que vous ferez rafraîchir dans l'eau d'un torrent... Plus personne ne refusera de vous accompagner en haut de ce joli piton.

Pour 6 personnes

Préparation : 30 min
Cuisson : 40 min

Ingrédients

500 g de blancs de poulet
30 g de beurre
1/4 de baguette
4 œufs
1 verre de lait tiède
1 bouquet de basilic
1 sachet de gelée

✦ Dans une poêle, faire revenir à feu doux les blancs de poulet dans 1 cuil. à soupe de beurre pendant 10 min, sans leur faire prendre couleur.

✦ Hacher la viande au hachoir mécanique ou électrique, grille fine.

✦ Avec le pain rapidement trempé dans un peu de lait tiède, puis essoré fortement, préparer une panade (pain écrasé avec les œufs entiers battus en omelette).

✦ Ajouter au mélange viande et panade, 1 cuil. à soupe de beurre et le basilic finement ciselé.

✦ Préchauffer le four à 240 °C (th. 8) pendant 15 min.

✦ Préparer la gelée suivant les indications figurant sur le paquet (dissoudre la gelée dans 1/2 litre d'eau froide et porter doucement à ébullition, sans cesser de touiller).

✦ Ajouter cette gelée tiède au mélange réalisé précédemment.

✦ Beurrer largement un moule à cake, verser le mélange. Mettre au four à 210 °C (th. 7).

✦ Au bout de 15 min, couvrir le pâté d'un papier aluminium puis poursuivre la cuisson encore 30 min.

✦ Vérifier la cuisson, comme pour un gâteau avec la pointe du couteau, qui doit ressortir sèche.

✦ Laisser refroidir avant de démouler.

✦ Accompagner d'un coulis de tomate (recette p. 188) ou d'un peu de crème fraîche légère avec du basilic haché.

LE SECRET DE MA MÈRE

Ma mère remplace les blancs de poulet par une poule. La cuisson de la viande est alors un peu plus longue.

VARIANTE

Pain de poulet à l'estragon. Remplacer le basilic par de l'estragon en pot, conservé dans de l'huile, c'est comme cela qu'il est le plus goûteux.

Suggestion de menu

~ Salade de poivrons rouges, 22
~ *Pain de poulet en gelée au basilic*
~ Tatin aux pommes, romarin et miel caramélisé, 274

Un côtes de provence rosé

Poulet au pastis
à l'ancienne

C'est l'archétype de la bonne recette familiale, jamais rédigée, toujours transmise oralement de génération en génération, améliorée par les uns et les autres et d'une simplicité biblique.

Pour 6 personnes

Préparation : 20 min
Marinade : 12 h
Cuisson : 1 h

Ingrédients

1 beau poulet de 2 kg, avec ses abats
2 foies de volaille + le foie du poulet
500 g de pommes de terre
4 tomates
3 bulbes de fenouil
2 oignons moyens
6 gousses d'ail
1 piment rouge
6 brins de persil plat
6 tranches de pain rassis
15 cl de pastis
2 doses de safran
30 cl d'huile d'olive
Gros sel
Sel fin
Poivre du moulin

Le poulet
Demandez à votre volailler de le couper en morceaux. Et gardez le foie.

La veille

✦ Dans une terrine, placer les morceaux de poulet, 1 dose de safran, les gousses d'ail pelées, coupées en deux et dégermées, du sel et du poivre. Arroser avec un trait d'huile d'olive et le pastis.

✦ Laisser mariner au moins 12 h, en retournant 2 ou 3 fois.

Le jour même

✦ Dans une cocotte, faire chauffer 2 cuil. à soupe d'huile d'olive à feu doux.

✦ Y faire fondre doucement les oignons finement émincés pendant environ 10 min.

✦ Plonger les tomates 20 s dans une casserole d'eau bouillante. Puis les passer sous l'eau froide. Ôter la peau et les graines, concasser la chair. L'ajouter aux oignons.

✦ Laisser fondre 15 min. Ajouter les morceaux de poulet égouttés, le fenouil et le persil. Arroser de la marinade, ajouter de l'eau chaude à hauteur de la volaille. Vérifier l'assaisonnement. Couvrir et laisser cuire 10 min.

✦ Éplucher les pommes de terre et les couper en rondelles. Les glisser dans la cocotte avec le poulet. Poursuivre la cuisson pendant au moins 20 min en couvrant.

✦ Pendant la cuisson, préparer la sauce : dans un mortier, placer le piment découpé en fines rondelles, le gros sel, les foies hachés

puis 2 rondelles de pommes de terre prélevées dans la cocotte.
✦ Piler jusqu'à l'obtention d'une pommade épaisse.
✦ Monter avec 25 cl d'huile d'olive.

Présentation
✦ Dans chaque assiette chaude, placer une tranche de pain rassis.
✦ Ajouter 1 dose de safran à la préparation et servir le poulet avec la sauce en saucière délayée avec 2 cuil. à soupe de jus de cuisson.

LE SECRET DE MA MÈRE
Ma mère présente une bonne rouille (recette p. 34) en accompagnement de ce poulet au pastis.

Suggestion de menu

~ Soupe glacée de concombre à la menthe, 46
~ *Poulet au pastis à l'ancienne*
~ Glace à la verveine, 280

Un beaumes-de-venise rouge

Blancs de poulet aux pignons

Pour 6 personnes

Préparation : 20 min
Cuisson : 20 min

Ingrédients

6 blancs de poulet fermier de préférence
2 cuil. à soupe de beurre
1 verre d'eau
12 cuil. à soupe de maury ou autre vin cuit (banuyls)
200 g de pignons
500 g de champignons de Paris
30 cl de crème liquide
2 cuil. à soupe de miel de montagne
1 bouquet de persil plat
Sel, poivre

✦ Préparer le persil en le lavant et en le ciselant grossièrement.

✦ Émincer les champignons après les avoir bien essuyés avec un papier absorbant.

✦ Dans une poêle, faire fondre doucement le beurre et faire revenir les blancs pour qu'ils prennent une belle couleur dorée.

✦ Quand ils ont pris couleur, jeter le beurre et déglacer la poêle avec le maury en ajoutant le miel. L'opération doit être réalisée vivement et le miel est plus facile d'utilisation s'il est liquide.

✦ Ajouter 1 verre d'eau et laisser réduire la sauce.

✦ Intégrer alors les pignons et les champignons ainsi que la crème fraîche, poivrer et saler à votre convenance.

✦ Découper les blancs de poulet comme on le ferait avec des magrets et les présenter à l'assiette en rosace, nappés de sauce et décorés de persil ciselé.

Le secret de ma mère

Ma mère passe son miel au micro-ondes quelques secondes pour le rendre plus liquide. Quand elle en a, elle compose cette recette avec des champignons de pins.

Suggestion de menu

~ Toasts de grive... sans grive, 20
~ *Blancs de poulet aux pignons*, avec du riz blanc
~ Couronne de fruits en gelée de muscat de beaumes-de-venise, 236

Un vin de pays des côtes catalanes
(Cuvée du maréchal des frères Cazes)

Estouffade d'agneau de Tante Colette
au rosé de Pierrevert

C'est ma tante et marraine, Colette Marchal, qui m'a appris à cuisiner cette estouffade. L'agneau de Sisteron, connu depuis des années dans le monde entier, se prête superbement à la lenteur de la cuisson. J'ai adapté à cette viande de rêve une façon de cuire que nous appelons en Provence estouffade et que l'on pratique en Afrique du Nord, sous le nom de tajine. Le résultat est le même, une viande qui se passe de couteau, qui fond dans la bouche et se nourrit des saveurs du miel et du vin rosé gorgé de soleil.

Pour 6 personnes

Préparation : 20 min
Marinade : 15 min
Cuisson : 3 h

Ingrédients

1 épaule désossée d'1,5 kg
6 cuil. à soupe de miel liquide de thym ou de romarin
3 oignons
10 gousses d'ail
4 carottes
1 branche de céleri
1 bouteille de coteaux de pierrevert rosé
1 pincée de 4-épices
1 pincée de cannelle
3 brins de thym
4 cuil. à soupe d'huile d'olive

✦ Faire chauffer l'huile d'olive dans une cocotte en fonte et donner couleur aux oignons émincés et à la viande coupée en cubes, recouvrir de miel liquide.

✦ Ajouter les carottes et le céleri finement coupés en dés, l'ail entier, le mélange 4-épices et la cannelle.

✦ Saler et poivrer. Couvrir avec le vin rosé. Laisser mariner 15 min.

✦ Dans une casserole d'eau bouillante, faire infuser le thym et mouiller la viande avec l'infusion tout au long de la cuisson qui prendra 3 h et se fera à tout petit feu.

Le secret de ma mère

Ma mère ajoute à son infusion de thym des baies de genièvre et des écorces d'orange.

Suggestion de menu

~ Salade de fenouil cru au pastis, 84
~ *Estouffade d'agneau au rosé de Pierrevert*
~ Figues rôties au laurier, 269

Le rosé qui a servi à la cuisson de l'estouffade

Estouffade d'agneau à la purée d'ail

J'adore cette cuisson à l'étouffée, et je la pratique dans un plat en terre généreux qui nous vient d'Alsace, le plat à Baeckhoffe, littéralement « cuit au four ». Ce plat de viandes alsacien mijotait pendant des heures chez le boulanger du village, pendant que les femmes faisaient la lessive au lavoir. Cette recette est donc une synthèse savoureuse du meilleur de l'Alsace et du meilleur de la Provence. Je suis sûre que même les plus farouches opposants à l'ail n'en reviendront pas de la douceur de ces tartines de purée d'ail qui accompagnent ce plat.

Pour 6 personnes

Préparation : 30 min
Marinade : 4 h
Cuisson : 3 h

Ingrédients

1 gigot d'agneau de 3 kg totalement désossé
400 g de lard gras
300 g de couenne
1,5 litre de vin rouge corsé
500 g de tomates
250 g d'oignons
5 gousses d'ail
1 baguette de pain
4 cuil. à soupe d'huile d'olive
Sel
Poivre en grains concassé

Bouquet garni
5 brins de persil

La marinade

✦ Dans un saladier en faïence, déposer le gigot coupé en cubes de 5 cm de côté, l'ail pelé et écrasé, les tomates pelées et épépinées, les oignons hachés, le bouquet garni, du sel, du poivre, l'huile et le vin rouge.

✦ Placer cette marinade au frais, mais pas au réfrigérateur, plutôt à la cave ou dans une pièce non chauffée, pendant 4 h.

Préparation du lard

✦ Dans une casserole d'eau bouillante, plonger 5 min les lardons coupés en cubes et la couenne coupée en dés de 2 cm.

Préparation de l'estouffade

✦ Déposer la viande marinée, la couenne et le lard dans un plat en terre cuite allant au four, idéalement un plat à Baeckhoffe.

✦ Ajouter la marinade filtrée et un peu d'eau pour que toute la viande baigne dans 3 cm de liquide.

✦ Préchauffer le four à 100 °C (th. 3-4).

Préparation de la pâte à pain

✦ Préparer une pâte à pain grossière en mélangeant du bout des doigts la farine et l'eau.

✦ Cette pâte souple doit vous permettre de souder le couvercle du plat en terre, on dit que l'on lute le plat. Cette pâte va se durcir et vous la casserez pour ouvrir le couvercle en fin de cuisson.

✦ Enfourner et oublier le plat au four doux pendant 3 h.

La purée d'ail

✦ Après avoir épluché l'ail et avoir ôté le germe central, répéter 3 fois l'opération suivante : blanchir les gousses d'ail 5 min dans une grande casserole d'eau froide que vous porterez à ébullition.

✦ À la fin de la cuisson, l'ail doit être mou au toucher, si ce n'est pas le cas, prolonger la cuisson.

✦ Écraser l'ail ou le passer au mixeur avec l'huile d'olive et un peu de sel pour obtenir une purée bien fine dont la douceur surprendra même les plus réservés d'entre vous.

✦ Découper des tranches de pain bien fines, les passer au grille-pain et les tartiner de purée d'ail, repasser quelques instants sous le gril du four.

✦ Servir l'estouffade dans son plat de cuisson et présenter les tartines sur une assiette à part.

1 branche de céleri
1 feuille de laurier
1 écorce d'orange
2 brins de thym

Pâte à pain
300 g de farine pour luter le plat
1 verre d'eau

Purée d'ail
5 têtes d'ail
3 cuil. à soupe d'huile d'olive
Sel

Suggestion de menu

~ *Estouffade d'agneau à la purée d'ail*
~ Tarte aux figues tombées, 272

🍷 Un bandol rouge (Château Pibarnon)

Gigot de mouton
à l'estouffado

Une recette du siècle passé, d'une grande simplicité, d'inspiration marseillaise, qui nécessite une très bonne viande de mouton (celui de Sisteron est connu bien au-delà des limites du département) et un peu de temps devant soi puisque la viande doit mariner pendant la nuit... mais au bout, quel délice !

Pour 6 personnes

Préparation : 20 min
Marinade : 12 h
Cuisson : 1 h à 1 h 30

Ingrédients

Marinade
1 gigot de mouton de 2 kg
1 feuille de laurier
1 brin de thym
1 verre de vin blanc sec
3 brins de persil plat
4 gousses d'ail
3 clous de girofle

Cuisson du gigot
200 g de lard
1 verre de vin blanc sec
Sel fin

La veille

✦ Demander au boucher un gigot raccourci. Conserver la selle pour la faire rôtir le lendemain.

✦ Placer le gigot à mariner dans une terrine avec le thym, le laurier, le persil, l'ail épluché, les clous de girofle et le verre de vin blanc.

Le jour même

✦ Sortir le gigot de sa marinade et l'essuyer.

✦ Dans une cocotte en fonte, faire fondre le lard finement haché, ajouter le gigot sans aromate.

✦ Saler et couvrir.

✦ Le gigot demande comme seul soin à être retourné souvent. La cuisson varie entre 1 h et 1 h 30.

✦ Déglacer le fond de la cocotte au vin blanc avant de servir le gigot découpé et bien chaud. Accompagner de quelques haricots blancs.

Le secret de ma mère

Ma mère déglace son gigot avec un peu de bouillon qu'elle garde au congélateur dans de petites poches de plastique, récupérant ainsi lorsqu'elle cuisine tel ou tel de ses jus de cuisson.

Bon à savoir

Meilleur marché. Une épaule d'agneau remplacera votre gigot si vous trouvez le prix de ce morceau excessif. Dans ce cas, demandez à votre boucher de désosser l'épaule et traitez-la de la même manière qu'un gigot.

Suggestion de menu

~ Salade d'été retour d'Italie, p. 80
~ *Gigot de mouton à l'estouffado*
~ Flan au potiron, p. 258

Le même vin blanc que celui de la marinade ou un bon bordeaux

Gigot d'agneau de Lure aux blettes

La montagne de Lure est un lieu de promenade agréable à la période des framboises ou des champignons, on y trouve des espèces variées et aussi quelques beaux troupeaux de moutons. Les blettes, elles, n'ont pas toujours la faveur des enfants, ni de certains adultes et c'est un tort... Ces légumes appelés aussi bettes à cardes ou poirée à cardes sont un accompagnement traditionnel en Provence, où elles sont consommées sucrées ou salées, surtout dans la région niçoise, où elles entrent dans la composition des raviolis.

Pour 6 personnes

Préparation : 20 min
Cuisson :
1 h 15 (gigot)
30 min (blettes)

Ingrédients

1 gigot d'1,5 kg sans son manche
250 g de lard
6 filets d'anchois
1 bouquet de blettes
1 carotte
1 oignon
8 gousses d'ail
1 brin de thym
1 feuille de laurier
3 clous de girofle
5 grains de poivre en grains
1 verre de vin blanc sec
Gros sel

Préparation du gigot

✦ Piquer le gigot de 6 gousses d'ail épluchées et des 6 filets d'anchois.

✦ Dans une vaste cocotte en fonte, déposer le lard haché, 1 oignon entier et la carotte émincée, 2 gousses d'ail entières, les clous de girofle, le thym, le laurier et le poivre en grains.

✦ Faire roussir le gigot doucement avec tous ces ingrédients. Quand la viande a pris une jolie couleur, ajouter 1 verre de vin blanc sec.

✦ Lorsque le vin a réduit de moitié, verser dans le fond de la cocotte, sans trop arroser le gigot, 1/2 litre d'eau bouillante et 1 pincée de gros sel.

✦ Retourner fréquemment le gigot pendant sa cuisson et laisser 1 h 15 sur feu doux.

Préparation des blettes

✦ Éplucher les blettes en ne conservant que les côtes que l'on coupera en bâtonnets de 4 ou 5 cm de long.

✦ Les faire blanchir dans une grande quantité d'eau bouillante salée.

✦ Quand le gigot est cuit, passer le jus au tamis en pressant sur les légumes pour recueillir leurs sucs. Remettre le gigot dans la cocotte avec les blettes et le jus filtré, faire mijoter 30 min.

✦ La sauce ne doit pas être trop longue. Ne pas hésiter, si c'était le cas, à continuer sa réduction en enlevant la viande.

✦ Servir dans des assiettes bien chaudes.

Le secret de ma grand-mère

Lorsqu'elle cuisinait ce plat, ma grand-mère qui ne jetait rien, utilisait les feuilles de blettes pour confectionner une omelette de blettes, délicieuse : cuire les feuilles hachées dans l'huile d'olive, quand elles sont cuites, ajouter 4 à 6 œufs battus, selon le nombre de convives, du persil haché, 2 gousses d'ail écrasées, du parmesan (un bon peu, aurait-elle dit) et quelques gouttes d'huile d'olive... Cuire doucement le temps d'obtenir une omelette baveuse ou plus cuite, selon votre goût.

Bon à savoir

Chauffer les assiettes. Les mettre 15 min au four à 60 °C (th. 2).

Suggestion de menu

~ Melon glacé à l'hydromel, 55
~ *Gigot d'agneau de Lure aux blettes*
~ Blanc-manger de Cosa à la purée d'amandes, 250

Un côtes du ventoux rouge

Daube d'agneau en gelée

J'affectionne ces plats en gelée, ces terrines qui sont le signe de l'été et du beau temps revenu. Préparées la veille, elles vous permettent d'être à table avec vos hôtes et de profiter de la conversation sans avoir à vous lever. En outre, vous évitez de lourdes vaisselles en fin de repas...

Pour 6 personnes

Préparation : 20 min
Cuisson : 2 h
Repos au frais : 1 nuit

Ingrédients

1,2 kg d'agneau (gigot ou épaule désossés)
4 pieds d'agneau ou 1 pied de veau
4 carottes
2 oignons
4 gousses d'ail
1 bouquet garni (céleri, thym, sarriette, romarin et queues de cerfeuil)
1 clou de girofle
1 bouteille de vin blanc sec (bandol ou cassis)
4 cuil. à soupe d'huile d'olive
15 g de sel
Poivre du moulin

Pâte d'herbes

1/2 bouquet de thym frais
1 brin de sarriette
1 brin de romarin

Cuisson de la viande

✦ Couper la viande en 6 morceaux, saler, poivrer et faire revenir dans une cocotte ou, mieux encore, dans une daubière en terre avec 4 cuil. à soupe d'huile d'olive.

✦ Dans le même récipient, faire revenir les carottes coupées en rondelles, les oignons coupés en rondelles, les gousses d'ail pelées entières, et le clou de girofle.

✦ Jeter l'huile de cuisson, remettre la viande, les légumes, les pieds d'agneau et mouiller avec le vin blanc et l'eau préalablement portée à ébullition.

✦ Couvrir, laisser cuire avec le bouquet garni pendant 1 h 30.

✦ Retirer la viande et les légumes, laisser les pieds encore 30 min.

✦ Passer au chinois (passoire fine conique), ce jus servira de gelée, rectifier l'assaisonnement et enlever toute la graisse que vous pouvez.

Dressage du plat

✦ Verser un peu de jus refroidi dans le fond d'une terrine, laisser prendre au réfrigérateur pendant 15 min.

✦ Ajouter la viande, les légumes et les pieds désossés, recouvrir avec le reste de la gelée. Laisser reposer 1 nuit au frais.

✦ Démouler au moment de servir et couper en tranches fines.

Préparation de la pâte d'herbes

1/2 bouquet de persil plat
3 gousses d'ail
3 cuil. à soupe d'huile d'olive

✦ Dans un mortier, piler le thym frais, la sarriette, le romarin, le persil et l'ail épluché et dégermé. Allonger avec l'huile d'olive.

✦ Servir avec la viande.

Suggestion de menu

~ *Daube d'agneau en gelée et salade verte*

~ Figues rôties au laurier, 269

🍷 Un bandol blanc ou un cassis blanc

Boulettes d'agneau des plateaux
aux pignons et au citron

Sisteron, dans les Alpes de Haute-Provence, est réputé pour ses agneaux, des agneaux qui voient le jour sur les plateaux environnants où les moutons font depuis toujours partie du décor. C'est cet univers âpre et rude que Giono, fin gastronome et écrivain magnifique, a célébré tout au long de sa vie.

Pour 6 personnes

Préparation : 15 à 20 min
Cuisson : 7 à 10 min

Ingrédients

1 épaule d'agneau désossée et hachée par votre boucher
2 citrons
1/4 de botte de coriandre fraîche
4 cuil. à soupe de pignons de pin
2 jaunes d'œufs
5 cuil. à soupe d'huile d'olive
Sel, poivre du moulin

Choix de la viande d'agneau
Nous n'avons pas tous la chance de pouvoir acheter de l'agneau de Sisteron et, si vous avez un bon boucher, vous trouverez

✦ À la viande préalablement hachée, ajouter les zestes des citrons coupés en fines lamelles et la coriandre ciselée finement.
✦ Ajouter les jaunes d'œufs, du sel et du poivre.
✦ Mouiller vos doigts et préparer des petites boulettes de la taille d'une noix.
✦ Dans un wok ou une sauteuse, faire chauffer l'huile d'olive et faire revenir doucement les boulettes de tous côtés de 8 à 10 min grand maximum, jusqu'à ce qu'elles soient cuites à cœur. Adapter la cuisson à votre goût, si vous aimez la viande rosée, réduire le temps de cuisson.
✦ Récupérer les boulettes avec une écumoire et les placer dans un plat de service.
✦ Dans le gras de cuisson, jeter les pignons et quand ils commencent à dorer, ajouter le jus des citrons.
✦ Servir chaud, avec un riz nature.

Le secret de ma mère

Quelques feuilles d'épinard crues décoreront le plat de service, le riz peut être rapidement revenu dans la poêle, à la suite des pignons.

VARIANTE

Boulettes de bœuf au sésame. Même préparation, mais remplacer l'agneau par du bœuf et les pignons par des graines de sésame blanc.

Suggestion de menu

~ Soupe glacée de melon, 48
~ *Boulettes d'agneau des plateaux aux pignons et au citron*
~ Riz blanc
~ Fraises en salade au basilic, 239

Un côtes du rhône rouge

certainement de l'agneau de qualité auprès de lui. Trop souvent hélas, le mouton remplace l'agneau et le goût n'a alors plus rien à voir avec ce délice de viande d'agneau... Prévenez votre boucher la veille pour qu'il vous hache la viande car il ne peut pas utiliser le même appareil que pour la viande de bœuf. Si vous disposez d'un hachoir, vous pouvez réaliser l'opération vous-même.

Daube de bœuf en gelée

La daube est le plat provençal par excellence. Du temps de ma grand-mère, elle était l'affaire d'un ou de plusieurs jours de préparation et l'odeur de la marinade emplissait la maison pendant plusieurs jours. Aujourd'hui, la fée Cocotte-Minute vous permet de jouer la tradition sans vous attacher à vos fourneaux... Cependant, la cuisson étant relativement longue, c'est un plat idéal à préparer la veille pour le lendemain, quel plaisir alors d'être entièrement disponible pour ceux que vous recevez et de ne pas avoir de vaisselle à faire...

Pour 6 personnes

Préparation : 15 min
Cuisson : 3 h
Repos au frais : 2 ou 3 h

Ingrédients

2 kg de bœuf à braiser
3 carottes
2 oignons
1 bouteille de vin blanc sec
1 pied de porc
6 grains de poivre
3 baies de genièvre
2 clous de girofle
1 écorce d'orange
3 brins de persil plat (décor)
1 feuille de laurier
Sel, poivre du moulin

Choix du bœuf

J'ai une confiance aveugle dans mon boucher que je connais depuis des années et qui ne se risquerait pas à me

La daube

✦ Découper la viande en gros cubes de 3 cm de côté.

✦ Dans un autocuiseur, placer tous les ingrédients : cubes de viande, puis oignons entiers piqués d'un ou de plusieurs clous de girofle, le pied de porc, la feuille de laurier, les grains de poivre, les baies de genièvre, l'écorce d'orange et mouiller le tout d'une bouteille de vin blanc.

✦ Éplucher et débiter les carottes en rondelles bien fines. Les placer sur le dessus de la cocotte, harmonieusement réparties sur la viande. Saler et poivrer généreusement.

✦ Fermer l'autocuiseur et l'oublier 3 bonnes heures en baissant au maximum sous le feu. Puis éteindre.

✦ Laisser refroidir la daube dans la cocotte.

La prise en gelée

✦ Quand la daube est froide, filtrer la marinade.

✦ Choisir un joli plat de service, répartir les morceaux de viande, les rondelles de carottes, décorer d'un peu de persil plat et recouvrir avec la marinade.

✦ Laisser prendre au frais pendant 2 ou 3 h.

✦ Servir avec un pot de tapenade.

Le secret de ma mère

Ma mère ajoute toujours à ses daubes, froides ou chaudes, un bon zeste d'orange frais ou confit qui donne une saveur inégalée à sa marinade.

Bon à savoir

Rapide. Si vous ne disposez pas d'un pied de porc qui vous procure une gelée « naturelle », vous pouvez faire cuire votre daube, filtrer la marinade, disposer votre viande dans un plat de service et préparer ensuite un sachet de gelée en poudre que vous diluerez dans la marinade froide pour obtenir une gelée très parfumée dont vous recouvrirez votre viande.

Suggestion de menu

~ *Daube de bœuf en gelée*
~ Salade verte
~ Tatin aux pommes, romarin et miel caramélisé, 274

Un cornas

servir une viande décevante. Je suis ses conseils et lorsque je prépare une daube, il me donne en général un mélange de viandes de bœuf à braiser plus ou moins grasses qui donne à la daube tout son moelleux.
En Provence, je demande de la galinette, qui est l'extrémité de la cuisse du bœuf, et dont le nerf a une forme de tête de poule, d'où son nom... (*galine* signifiant poule en provençal).
Pour cette recette, offrez-vous les conseils d'un professionnel et choisissez une viande adaptée à cette cuisson lente et douce.

Alouettes sans tête de Claude

Paupiettes de bœuf

C'est un plat très symbolique chez nous, il marquait le début des vacances, l'accueil chaleureux de notre grand-mère Nène qui, pour nous dire tout le plaisir qu'elle avait à nous retrouver, nous mitonnait dès le jour de notre arrivée ces paupiettes de bœuf, qui sont un des grands classiques de la cuisine provençale de tradition. Ma mère a repris le flambeau et désormais c'est à elle que nous devons ces paupiettes qui rythment les passages des amis et des enfants.

Pour 6 personnes

Préparation : 30 min
Cuisson : 30 min

Ingrédients

12 tranches de bœuf bien fines coupées dans le rond de gîte (pour 2 paupiettes par personne), soit 800 g de bœuf
3 gousses d'ail
1 bouquet de persil plat
400 g de lard maigre (toujours la moitié en poids de la viande de bœuf)
1/4 de baguette pour la mie de pain
1 verre de vin blanc sec
1 tablette de bouillon de bœuf
3 cuil. à soupe d'huile d'olive
Sel, poivre du moulin

Le coulis de tomate

✦ Plonger les tomates 20 s dans une casserole d'eau bouillante. Puis les passer sous l'eau froide, les peler, les couper en quatre et ôter les graines.

✦ Dans une cocotte en fonte, faire chauffer l'huile d'olive et ajouter les tomates que vous ferez compoter à feu doux pendant 20 min. Pendant ce temps...

La farce

✦ Hacher l'ail, le persil et le lard de préférence au hachoir à main. Si vous le voulez, pour aller plus vite, vous pouvez utiliser le hachoir électrique, mais personnellement je préfère pouvoir doser la finesse de la farce avec mon hachoir à main.

✦ Mouiller la baguette dans un peu d'eau tiède, l'essorer avec la main en émiettant le pain pour le mélanger à la farce de viande et d'herbes.

✦ Saler, mais pas trop, à cause du lard, poivrer.

✦ Prendre une tranche de rond, l'aplatir encore un peu avec la paume de la main, y découper une petite boutonnière, du côté de la pointe.

✦ Former un petit tas de farce que vous placerez au centre de la tranche de viande, rouler comme pour une paupiette et glisser l'extrémité de cette tranche dans la boutonnière pour consolider ce petit paquet. Plus la paupiette est serrée, moins la farce a de chance de s'échapper.

Cuisson des paupiettes

✦ Dans la cocotte ayant servi au coulis, faire chauffer un peu d'huile d'olive (3 cuil. à soupe environ), faire roussir les paupiettes, sous tous les côtés, puis ajouter le coulis de tomates, le verre de vin blanc et un bouillon cube de bœuf, dissous dans un verre d'eau très chaude.

✦ Laisser cuire à feu doux 30 min en surveillant bien la cuisson pour ne pas que cela attache et en retournant régulièrement les paupiettes.

✦ Servir avec de petites coquillettes.

Coulis de tomate

2 grosses tomates bien mûres

3 cuil. à soupe d'huile d'olive

Choix de la viande

Le rond de gîte est la viande idéale pour préparer ces paupiettes, c'est une viande à braiser qui conserve tout son moelleux malgré une cuisson lente. Si, pour une raison ou une autre, votre boucher n'en a pas, décrivez-lui ce que vous voulez faire et laissez-vous guider par ses conseils.

Suggestion de menu

~ Crème d'aubergine, 64

~ *Alouettes sans tête de Claude*

~ Gâteau rouge d'Hilary, 240

Un palette rouge (Château Simone)

La daube de bœuf
du dimanche

Je pourrais disserter des heures sur la daube, son odeur, son goût, l'épaisseur de sa sauce, tous ces relents d'enfance... Le fait que jamais, malgré le temps et ses conseils éclairés, ma daube n'ait égalée celle de ma grand-mère... Mais l'essentiel pour vous maintenant est de vous faire votre propre opinion, d'ajouter tel ou tel ingrédient comme un bon chef et de trouver... votre recette de daube rien qu'à vous, dont vous ne livrerez le secret... qu'à votre fille. À vos tabliers !

Pour 6 personnes

Préparation : 20 min
Cuisson : 3 h au moins

Ingrédients

2 kg de bœuf : 4 morceaux différents (culotte, paleron, aiguillette, macreuse)
1 pied de porc
200 g de couenne de lard
3 cuil. à soupe de saindoux
5 g de beurre mou
1 cuil. à soupe de farine
2 carottes
6 échalotes
2 gousses d'ail
1 brin de thym
1 feuille de laurier
1 orange (zeste)
2 clous de girofle
1 bouteille d'un bon vin rouge

✦ Couper les morceaux de viande en cubes de 3 cm de côté.

✦ Dans une cocotte ou une daubière, faire chauffer le saindoux. Y faire revenir la viande de tous côtés. Ajouter le pied de porc coupé en deux dans la longueur, les échalotes hachées, chaque gousse d'ail piquée de 1 clou de girofle, le thym, le laurier, les carottes coupées en fines rondelles, le zeste d'orange, saler, poivrer et arroser de 3 cuil. à soupe d'huile d'olive. Sur le dessus, poser les couennes de lard.

✦ Faire chauffer le vin dans une casserole. Ajouter un peu de marc et flamber. Recouvrir la viande de ce liquide.

✦ Mélanger le beurre ramolli et la farine. Former une boule que vous déposerez sur les couennes. Couvrir et si vous utilisez une daubière, remplir de vin le couvercle évidé de la daubière. Faire cuire lentement au moins 3 h.

Bon à savoir

~ **La veille.** Comme pour la recette de porc en daube, je vous conseille de préparer ce plat la veille et de le faire réchauffer le jour J. Il n'en sera que meilleur.

~ **La viande.** Le secret d'une daube réussie, c'est bien sûr la viande : culotte, paleron, aiguillette et macreuse, un mélange des quatre. Choisissez un bon boucher et ne vous laissez pas tenter par une viande trop bon marché, qui cache souvent une chair médiocre et beaucoup de nerfs.

Le secret de ma mère

Ma mère double toujours ces proportions et en congèle la moitié. Ainsi, elle dispose toujours d'un plat pour les amis qui arriveraient à l'improviste.

Variante

Daube aux 3 viandes. Même recette mais en remplaçant les 4 types de viande de bœuf par 600 g de bœuf, 800 g de porc (découvert ou épaule), 600 g d'agneau (épaule).

Suggestion de menu

~ Caviar d'aubergines, 62
~ *La daube de bœuf du dimanche*
~ Soupe de cerises, 266

Un gigondas ou un vacqueyras ayant servi à la marinade

1 petit verre de marc
3 cuil. à soupe d'huile d'olive
Sel, poivre du moulin

Le vin
Choisissez votre vin avec grand soin. N'allez pas au tout-venant, préférez un bon vin un peu tanique mais jamais acide, que vous pouvez servir en accompagnement de la daube, un gigondas ou un vacqueyras, par exemple, feront très bien l'affaire.

La cocotte
Le choix de la cocotte a aussi son importance. Plutôt qu'un autocuiseur ou une casserole, prenez une bonne cocotte en fonte bien épaisse ou, mieux encore, une daubière en terre cuite.

Filet de bœuf
au pistou

Le bœuf rentre peu dans la composition des plats provençaux, à part pour la daube et les alouettes sans tête, la Provence n'est d'ailleurs pas réputée pour sa viande rouge. Cependant, le bœuf se marie fort bien avec ce qui fait l'essence de la cuisine provençale, le basilic, en voici un exemple.

Pour 6 personnes

Préparation : 30 min
Cuisson : 45 min (viande)
5 min (légumes)

Ingrédients
1 rôti de bœuf d'1,5 kg
6 gousses d'ail
2 cuil. à soupe d'huile d'olive

Pistou
8 cuil. à soupe d'huile d'olive
4 gousses d'ail
1 bouquet de basilic
100 g de pignons de pin
100 g de parmesan râpé

Légumes
4 carottes
4 pommes de terre
25 cl d'huile d'arachide
1 cuil. à soupe de gros sel

Préparation du pistou

✦ Préchauffer le four à 240 °C (th. 8).

✦ Dans un mortier, déposer les feuilles de basilic lavées (en garder quelques-unes pour le décor), les pignons de pin, l'ail sans son germe, le parmesan et commencer à piler avec un pilon en bois. Ajouter progressivement 8 cuil. à soupe d'huile d'olive pour obtenir une pâte bien compacte. Garder au frais.

Cuisson du rosbif

✦ Badigeonner le rôti de 2 cuil. à soupe d'huile d'olive, le mettre dans un plat allant au four, entouré de gousses d'ail en chemise (c'est-à-dire avec leur peau).

✦ Cuire au four pendant 45 min.

Préparation des légumes

✦ Laver et éplucher les carottes et les pommes de terre.

✦ Les râper au mixeur avec une grille moyenne pour obtenir des chips.

✦ Les mélanger dans un grand saladier avec le gros sel, sécher avec un papier absorbant.

✦ 5 min avant la fin de cuisson de la viande, faire chauffer l'huile d'arachide dans une poêle et jeter les chips de légumes pour les faire frire. Elles doivent devenir croustillantes. Bien les égoutter sur du papier absorbant avant de servir.

Cuisson de la viande
Compter 15 min par 500 g si vous l'aimez saignante, 20 min plus cuite.

Finition

✦Lorsque la viande est cuite, la recouvrir de papier aluminium pour éviter qu'elle ne perde trop de jus au moment de la découpe.

✦Vérifier l'assaisonnement et badigeonner le rosbif d'une épaisse couche de pistou froid.

✦Décorer avec les gousses d'ail en chemise et quelques feuilles de basilic.

Bon à savoir

Rapide. Vous pouvez préparer votre pistou la veille ou même 2 ou 3 jours avant et cuire la viande au dernier moment en l'accompagnant simplement d'une bonne salade verte.

Variante

Carpaccio au pistou. Acheter un carpaccio chez un bon boucher et badigeonner chaque assiette avec le pistou.

Suggestion de menu

~ Pain de courgettes, 66
~ *Filet de bœuf au pistou*
~ Gâteau à l'orange, 248

Un faugères rouge (Domaine Léon Barral)

Le porc en daube de Mémé

J'avais toujours dit à ma grand-mère que de son héritage, je ne souhaitais qu'une seule chose : ses casseroles et ses faitouts. J'avais oublié... ses recettes et celles de sa mère. Je les ai retrouvées après la mort de ma grand-mère, en mettant de l'ordre dans ses affaires. Maman a conservé le mortier en marbre et le pilon en bois pour ses aïolis, moi les casseroles et le faitout noir en fonte. Ainsi se perpétue la tradition. Le porc en daube était une spécialité de mon arrière-grand-mère, elle aussi fin cordon bleu et femme de tête. Épouse de limonadier dans le village des Mées, elle a rondement mené la famille durant toute sa vie. Son porc en daube a régalé plusieurs générations de gourmands.

Pour 6 personnes

Préparation : 30 min
Cuisson : 1 h 30

Ingrédients

1 kg de porc dans l'échine
150 g de boudin et 3 foies de volaille
3 oignons moyens
1 brin de thym
3 feuilles de laurier
1/2 orange (zeste)
2 bonnes pincées de cannelle
3 clous de girofle
4 cuil. à soupe d'huile d'arachide
1 bouteille de vin blanc sec (Edelzwicker par exemple, ou un vin blanc de pays)
Sel, poivre du moulin

La viande

✦ Couper le porc en gros cubes de 3 cm de côté.

✦ Dans une cocotte en fonte, chauffer l'huile et faire revenir les oignons coupés en rondelles épaisses.

✦ Les retirer du feu et faire revenir la viande dans la même huile.

✦ Remettre les oignons, saler et poivrer à votre goût.

✦ Mouiller avec le vin blanc, ajouter le laurier, le thym, la cannelle, les clous de girofle et le zeste d'orange.

✦ Couvrir et laisser mijoter 1 h 30 à tout petit feu, en tournant de temps en temps la viande.

La sauce

✦ Retirer la viande de la cocotte et passer la sauce au chinois (passoire fine conique).

✦ Remettre la sauce sur le feu et porter lentement à ébullition.

✦ Dans une poêle, faire revenir les foies, les passer au mixeur avec les boudins crus débarrassés de leur peau.

✦ Ajouter ce mélange petit à petit à la sauce pour l'épaissir, sans la laisser bouillir.

✦ Servir dans un plat creux avec des pommes vapeur.

Bon à savoir

Conservation. Le porc en daube se conserve très facilement au congélateur. N'hésitez pas à doubler les proportions, puis répartissez la daube dans des petites barquettes en plastique. Les semaines un peu chargées, il vous suffira de décongeler une barquette le matin pour faire des heureux le soir !

Suggestion de menu

~ Soupe glacée de concombre à la menthe, 46

~ *Le porc en daube de Mémé*

~ Sorbet au nougat, 279

Un alsace sylvaner ou riesling

Les poissons

La Madelon de Tatette

Morue, pommes de terre et olives

La morue a souvent mauvaise réputation. Plat de « pauvre », trop salée, trop dure... Cependant, c'est un poisson généreux, très diététique, qui nécessite seulement un bon dessalage. Frais, on l'appelle cabillaud, aigrefin ou merlu, sèche, elle devient morue. Elle est arrivée en Provence par le biais des marins basques qui, pour conserver leurs poissons, avaient besoin de sel qu'ils venaient chercher dans les salins camarguais. Ma grand-mère servait ce plat le vendredi, jour du poisson, où elle se faisait encore un devoir de manger maigre.

Pour 6 personnes

Préparation : 10 min
12 h à l'avance
Cuisson : 45 min

Ingrédients

500 g morue séchée
1 kg de pommes de terre (bintje)
1/4 de litre de lait (25 cl)
3 gros oignons
10 gousses d'ail
1 brin de thym
1 tige de fenouil séché
200 g d'olives noires
30 cl d'huile d'olive

Olives

Choisir des olives noires et charnues, plutôt en vrac sur votre marché, de préférence au naturel. Enlevez vous-même les noyaux si vous

Dessaler la morue (12 h à l'avance)

✦Faire dessaler la morue dans de l'eau froide pendant une douzaine d'heures : placer la morue dans une passoire à pieds posée dans un récipient rempli d'eau froide. Changer l'eau à plusieurs reprises. Attention : la passoire ne devra pas toucher le fond du plat où tout le sel va se déposer.

Morue, pommes de terre et olives

✦Sortir la morue de son bain d'eau froide et la sécher dans un torchon propre.

✦Peler les gousses d'ail et les oignons. Couper les oignons en rondelles.

✦Chauffer doucement l'huile d'olive dans une poêle, y faire revenir la morue avec les gousses d'ail pelées, les rouelles d'oignons, le fenouil et le thym. Laisser cuire à feu doux environ 10 min. Attention : l'ail ne doit pas roussir, cela le rendrait indigeste.

✦Pendant ce temps, éplucher les pommes de terre et bien les sécher, les couper en tranches de 1/2 cm d'épaisseur.

✦À l'aide d'une écumoire, retirer la morue et le mélange oignons-ail de la poêle. Réserver. Laisser la poêle sur le feu, sans jeter l'huile d'olive qui reste.

✦ Dans cette huile d'olive bien chaude, faire revenir les pommes de terre.
✦ À mi-cuisson, c'est-à-dire au bout de 8 à 15 min, selon la qualité des pommes de terre, ajouter la morue, les olives noires et le lait.
✦ Laisser cuire doucement encore 8 à 15 min, en remuant de temps en temps. Vérifier la cuisson des pommes de terre en les piquant à l'aide d'une fourchette qui doit s'enfoncer facilement.
✦ Servir dans un plat creux bien chaud.

êtes perfectionniste, évitez d'acheter des olives déjà dénoyautées qui sont fades au goût.

Suggestion de menu

~ Salade de fenouil cru au pastis, 84
~ *La Madelon de Tatette*
~ Bavarois aux abricots secs, 255

Un cassis blanc

Morue fraîche et sa purée « Noir et Blanc » façon brandade

La brandade de morue est un autre très grand classique de la cuisine provençale. Le mélange morue-pomme de terre a ses adeptes. Cette variation autour de la brandade permettra, peut-être, de convaincre les plus réticents d'entre vous à la goûter.

Pour 6 personnes

Préparation : 10 min
Cuisson : 15 min (pommes de terre)
6 à 10 min (morue)

Ingrédients

6 pavés de morue fraîche
8 pommes de terre (binje)
30 cl de lait
8 olives noires charnues dénoyautées
40 g de beurre
6 cuil. à soupe d'huile d'olive
Quelques brins de persil plat ou de ciboulette fraîche (décor)
Sel, poivre

La purée

✦ Éplucher les pommes de terre et les détailler en petits morceaux.

✦ Dans une casserole, placer les morceaux de pomme de terre dans 2 litres d'eau froide salée.

✦ Faire bouillir, puis baisser le feu et couvrir.

✦ Compter 15 min de cuisson à peu près.

✦ Les pommes de terre sont cuites lorsque vous pouvez enfoncer une pointe de fourchette sans que les pommes de terre n'opposent de résistance !

✦ Égoutter les pommes de terre et les passer au presse-purée ou à la moulinette.

✦ Verser la purée dans une casserole avec l'huile d'olive tout en remuant vivement avec une cuillère en bois. Cet exercice nécessite de bons pectoraux.

✦ Saler, poivrer et ajouter le lait pour obtenir une purée homogène.

Préparation de la morue

✦ Dans une poêle, faire fondre le beurre et faire cuire à feu vif les pavés de morue 3 à 5 min de chaque côté en fonction de l'épaisseur des morceaux.

✦ Hacher les olives et les mélanger hors du feu à la purée.
✦ Servir aussitôt en accompagnement des pavés de morue.
✦ Saupoudrer de persil ciselé ou de ciboulette fraîche.

Le secret de ma mère

Ma mère n'hésite pas à rajouter de l'huile d'olive pour détendre la purée et accentuer son goût de terroir.

Variante

Tous les **poissons blancs** cuits en pavés peuvent remplacer la morue fraîche qu'on ne trouve pas partout.

Suggestion de menu

~ Mousse de thon à la brousse
et aux pistaches, 72
~ *Morue fraîche et purée « Noir et Blanc »*
façon brandade
~ Soupe de cerises, 266

Un collioures rosé

Lotte rôtie à l'ail

C'est la lotte qui se cache chez nous sous l'appellation de baudroie, sans doute parce que c'est la seule région où l'on voit encore des baudroies avec leurs énormes têtes, qui sont rapidement coupées pour la commercialisation. C'est alors qu'elles deviennent lottes ou queues de lotte.

Pour 6 personnes

Préparation : 30 min
Cuisson : 40 min

Ingrédients

1,5 kg de queue de lotte
1 poivron vert
1 poivron rouge
4 aubergines
4 courgettes
10 cl d'huile d'olive
4 échalotes
2 gousses d'ail
20 cl de vin blanc sec
1 bouquet garni (1 brin de thym, 1 feuille de laurier, 2 branches de persil plat, 2 aiguilles de romarin)
Sel, poivre du moulin

Préparation des légumes

✦ Peler les poivrons au couteau économe, à cru, les équeuter, enlever toutes les graines et les couper en quatre dans le sens de la longueur.

✦ Dans une sauteuse, faire chauffer 2 cuil. à soupe d'huile d'olive, poser les quarts de poivrons, commencer la cuisson.

✦ Sans les éplucher, mais en les passant sous l'eau, couper les aubergines en cubes, en ayant pris soin d'ôter leurs têtes piquantes.

✦ Ajouter à la sauteuse.

✦ Éplucher les courgettes et les couper à la même dimension que les aubergines, ajouter à la sauteuse en rajoutant un peu d'huile d'olive. Ajouter 2 échalotes hachées menu.

✦ Laisser fondre 20 min en remuant souvent.

Cuisson de la lotte

✦ Préchauffer le four à 210 °C (th. 7).

✦ Dans un plat allant au four, déposer 1 cuil. à soupe d'huile d'olive, puis la lotte salée et poivrée, ainsi que 2 échalotes hachées et l'ail pilé et recouvrir de vin blanc.

✦ Poser le bouquet garni et enfourner pour 10 min.

✦ Sortir le plat du four, enlever le bouquet garni et retourner la lotte.

✦ Ajouter les légumes et les disposer autour du poisson.

✦ Remettre au four encore 8 min, en rectifiant l'assaisonnement des légumes.

Bon à savoir

Choix de la lotte. La lotte est un poisson flasque, sans écaille, souvent très cher. Si vous êtes dans la région de Marseille, tentez votre chance le matin tôt, sur le Vieux-Port, au marché aux poissons, sinon, surveillez les promotions dans les hypermarchés, sur les marchés ou chez votre poissonnier.

Suggestion de menu

~ Soupe de potimarron de mon jardin, 36
~ Lotte rôtie à l'ail
~ Blanc-manger de Cosa à la purée d'amandes, 250

Un vin de pays des Alpes de Haute-Provence, cépage muscat petits grains (Caves de la Madeleine)

Lotte au fenouil

Pour 6 personnes

Préparation : 20 min
Cuisson : 30 min

Ingrédients

1,2 kg de lotte
3 beaux bulbes de fenouil
2 carottes
2 oignons
5 cuil. à soupe d'huile d'olive
1/2 litre de vin blanc sec
1 pincée de safran
Sel, poivre

✦ Peler puis émincer les oignons.

✦ Peler les carottes et les découper en bâtonnets.

✦ Enlever les parties les plus coriaces des fenouils puis couper ces derniers en deux dans le sens de la longueur.

✦ Découper la lotte en tronçons.

✦ Dans une cocotte, faire chauffer l'huile d'olive, faire revenir les morceaux de lotte à feu vif. Les retirer du feu, réserver sur une assiette.

✦ À leur place, faire revenir les légumes puis ajouter 1/2 verre d'eau et faire cuire à découvert, à petit feu.

✦ Saler et poivrer, ajouter le safran. Verser le vin blanc, mélanger et remettre la lotte à cuire doucement environ 15 à 20 min.

✦ Servir avec un peu de riz basmati.

Le secret de ma mère

Ma mère ajoute une ou deux gousses d'ail entières en même temps que les légumes et, à la place du vin blanc, elle met un verre de pastis très dilué qui renforce le goût anisé des fenouils. Elle saupoudre sa lotte avec des graines de fenouil séchées.

Suggestion de menu

~ Beignets de fleurs de courgette, 88
~ *Lotte au fenouil*
~ Soupe de cerises, 266

Un sancerre blanc
ou un alsace riesling

Rougets au beurre de basilic

Un autre poisson connu sur nos rivages depuis l'Antiquité et qui n'a cessé d'inspirer les plus grands de nos chefs. Sa saveur est parfaite de mai à août, quand il est très frais, nul besoin de le vider, ni même de le laver.

Préparation de la sauce au basilic

✦ Presser le citron pour récupérer le jus.
✦ Hacher finement le basilic, après l'avoir lavé.
✦ Travailler le beurre mou et y incorporer le jus de citron, le sel, le poivre et le basilic haché. Réserver.

Cuisson des rougets

✦ Dans chaque rouget, déposer 2 feuilles de basilic.
✦ Préparer un barbecue ou préchauffer le four en position gril.
✦ Cuire les rougets sur la braise ou sous le gril du four pendant 3 min de chaque côté en les parsemant de gros sel.
✦ Servir accompagné de la sauce au basilic.

Bon à savoir

Surgelé. Il existe, dans le commerce, d'excellents rougets surgelés.

Suggestion de menu

~ Tartine à la tapenade, 18
~ *Rougets au beurre de basilic*
~ Flan au potiron, 258

Un petit chablis

Pour 6 personnes

Préparation : 15 min
Cuisson : 6 min

Ingrédients

6 rougets barbets, vidés ou non, selon votre goût
12 feuilles de basilic
Gros sel

Sauce au basilic

250 g de beurre mou
1 bouquet de basilic frais, petites feuilles
1 citron (jus)
Sel, poivre du moulin

Choix des rougets

Le rouget est un poisson de roche connu depuis les Romains sur le littoral méditerranéen. Pêché également en Atlantique, il est surtout associé à la cuisine du Sud. Son foie est un délice. La bonne saison du rouget est comprise entre mai et août, mais ce poisson se pêche toute l'année.

Rougets à la niçoise

Entre Piémont et Provence, Nice offre à ceux qui se donnent le temps de la découvrir une palette infinie de saveurs marines ou plus terrestres. Tirant le meilleur des influences italiennes et provençales, la cuisine niçoise recèle de trésors, raviolis aux courges, tarte aux blettes, socca... et rougets de roche accommodés à toutes les sauces.

Pour 6 personnes

Préparation : 30 min
Cuisson : 8 min
Macération : 2 h

Ingrédients

6 rougets d'environ 200 g
6 tomates
1 bouquet de basilic
1 gousse d'ail
6 olives noires de Nyons dénoyautées
6 filets d'anchois à l'huile
5 cl d'huile d'olive
Sel, poivre du moulin

Tapenade
Recette p. 16

Macération

✦ Laver et sécher les feuilles de basilic, en garder quelques-unes pour le décor et ciseler les autres, puis les laisser macérer 2 h dans un bol avec l'huile d'olive.

Cuisson des rougets

✦ Préchauffer le four en position gril.

✦ Écailler puis vider les rougets, les éponger avec du papier absorbant. Garder les foies.

✦ Hacher les anchois avec les foies, la gousse d'ail, les olives dénoyautées, ajouter le basilic mariné et égoutté, puis le poivre. Conserver l'huile d'olive parfumée au basilic.

✦ Remplir les rougets avec cette farce répartie en 6 parts égales, fermer les poissons avec une pique en bois.

✦ Badigeonner les rougets avec un pinceau trempé dans l'huile parfumée.

✦ Les disposer sur la lèchefrite et les passer au four, sous le gril durant 4 min de chaque côté, en les badigeonnant à nouveau au moment de les retourner.

✦ Couper les tomates en quatre. Au moment de servir, enlever les piques en bois, disposer les rougets avec les tomates dans les assiettes de service, décorer avec quelques cuillerées de tapenade et des feuilles de basilic.

Bon à savoir

Rapide. Il existe des filets de rougets tout préparés en supermarché, vous pouvez les cuire à l'huile d'olive dans une poêle et les disposer accompagnés de tomates-cerises et de tapenade, décorés de quelques feuilles de basilic fraîches.

Variante

Filets de rougets à la pancetta et à la tapenade. Rouler ensemble chaque filet de rouget avec 1 fine tranche de pancetta, 1 feuille de laurier, arroser d'un peu d'huile d'olive, servir avec du basilic ciselé et de la tapenade.

Suggestion de menu

~ Poivrons marinés au gingembre et à la coriandre, 73
~ *Rougets à la niçoise*
~ Gâteau à l'orange, 248

Un côtes du ventoux blanc

Sardines farcies aux épinards

Les farces sont fréquentes dans la cuisine provençale, à base de vert de blettes ou d'épinards, elles s'utilisent dans les raviolis mais aussi pour accompagner les poissons ou les coquillages.

Pour 6 personnes

Préparation : 15 min
Cuisson : 30 min

Ingrédients

24 sardines
200 g de chapelure
15 cl d'huile d'olive
Sel fin

Farce aux épinards
1 kg d'épinards frais
2 oignons moyens
4 gousses d'ail
12 brins de persil plat
4 cuil. à soupe d'huile d'olive
8 filets d'anchois à l'huile
Sel, poivre du moulin

Préparation de la farce

✦ Trier et laver les épinards en enlevant les plus grosses queues.

✦ Dans une sauteuse, chauffer 4 cuil. à soupe d'huile d'olive, faire revenir les oignons hachés pendant environ 10 min en secouant souvent le récipient.

✦ Ajouter les épinards égouttés, les filets d'anchois hachés, l'ail écrasé et le persil haché, bien mélanger.

✦ Laisser fondre 10 min, rectifier l'assaisonnement en tenant compte du sel des anchois. Poivrer. Égoutter.

✦ Préchauffer le four à 180 °C (th. 6).

Préparation des sardines farcies

✦ Dans un plat allant au four, verser 10 cl d'huile d'olive.

✦ Vider les sardines après les avoir étêtées, enlever délicatement l'arête centrale. Farcir les sardines l'une après l'autre et les placer tête-bêche dans le plat à gratin, recouvrir de chapelure, de gros sel et d'un filet d'huile d'olive. Enfourner pour 10 min.

✦ Servir chaud.

Suggestion de menu

~ Confit de poivrons orange, 76
~ *Sardines farcies aux épinards*
~ Gâteau de pommes aux oranges confites, 242

Un alsace klevner blanc

Sardines à l'aïoli

Les cuissons au barbecue sont un des grands plaisirs de l'été, surtout si vous pouvez utiliser du vrai bois d'olivier, bien sec. En hiver, on se contentera d'un gril au four pour préparer ces sardines, symbole de Marseille depuis des siècles.

Préparation de l'aïoli

✦ Préparer un aïoli comme indiqué dans la recette p. 170.

Cuisson des sardines

✦ Préparer un barbecue, de préférence avec du bois et du petit bois et pas avec du charbon de bois.

✦ Ajouter le fenouil sec dans le feu.

✦ Laver les sardines et les sécher avec un linge ou un papier absorbant, ne pas les vider.

✦ Cuire 5 min sur la braise.

✦ Servir immédiatement avec l'aïoli.

Bon à savoir

Rapide. Si vous n'avez pas la possibilité d'utiliser un barbecue, préchauffer le four 15 min en position gril et cuire les sardines 8 min sur une grille posée pas trop près du gril, en les retournant à mi-cuisson.

Suggestion de menu

~ Charlotte aux 3 poivrons, 60

~ *Sardines à l'aïoli*

~ Sorbet au nougat, 279

🍷 Un vin de pays des Alpes de Haute-Provence, cépage muscat petits grains (Caves de la Madeleine)

Pour 6 personnes

Préparation : 10 min
Cuisson :
5 min sur la braise
8 min sous le gril du four

Ingrédients

24 sardines
3 tiges de fenouil sec

Aïoli

12 gousses d'ail
2 jaunes d'œufs
60 cl d'huile d'olive de la meilleure qualité
1/3 de cuil. à café de gros sel

Choix des sardines

La sardine est un poisson d'été. En hiver, la sardine verte n'a pas les mêmes qualités que sa sœur de la belle saison. Les bons producteurs de sardines à l'huile n'en fabriquent pas entre décembre et mai. On trouve des sardines surgelées tout à fait convenables, entières ou en filets.

Le grand aïoli du vendredi

C'était le plat traditionnel des jours maigres : Carême ou vendredis, tout un plat autour d'une sauce à l'ail qui, à l'origine, ne comprenait même pas d'œuf. C'est l'ail pilé au mortier qui « faisait tenir », ma mère le travaille encore ainsi mais la plupart des cuisiniers d'aujourd'hui admettent d'y ajouter un jaune d'œuf. L'aïoli, c'est un grand plat de fête, convivial et coloré, à partager en tout temps avec ses amis en prévoyant cependant des hamacs ou de bons transats dans le jardin car l'aïoli appelle à la sieste...

Pour 8 personnes

Préparation : 15 min (la veille)
30 min (le jour de l'aïoli)
Cuisson :
8 min (morue)
15 min (bulots)
15 min (œufs)
15 à 20 min (légumes)

Ingrédients

2 filets de morue séchée
1 grosse boîte de thon au naturel
24 bulots
8 œufs
8 carottes
8 pommes de terre
500 g de haricots verts
Gros sel

Aïoli
12 gousses d'ail
2 jaunes d'œufs
60 cl d'huile d'olive
1/3 de cuil. à café de gros sel

La veille

✦ Mettre les filets à dessaler en vous reportant à la recette p. 158.
✦ Faire cuire les bulots à l'eau salée (25 g de gros sel par litre d'eau) à petit bouillon pendant 15 min.
✦ Éplucher tous les légumes. Les conserver séparément, sous film alimentaire, au réfrigérateur.

Le jour même

✦ Cuire les œufs durs. Les écaler.
✦ Cuire entiers et séparément chaque légume : 15 à 20 min pour les carottes et les pommes de terre selon leur taille, 15 min pour les haricots qui doivent rester « al dente ».
✦ Faire pocher la morue dans une grande quantité d'eau bouillante non salée pendant 8 min. Réserver dans son eau de cuisson.
✦ Présenter le thon dans un joli ravier.

L'aïoli

✦ Il est temps maintenant de vous occuper de l'aïoli. Si vous avez hérité comme moi du mortier en marbre et du pilon en olivier de votre grand-mère, c'est le moment de vous en servir, votre aïoli n'en sera que meilleur, sinon, on trouve chez les marbriers des mortiers en marbre de Cassis, lourds comme des ânes morts mais qui donnent un aïoli tout à fait honorable.

✦ Dans le mortier, placer d'abord le gros sel et les gousses d'ail dégermées et commencer à piler pour obtenir une pommade d'ail, ajouter ensuite les jaunes d'œufs et travailler comme pour une mayonnaise, en ajoutant l'huile d'olive, filet par filet, mais avec le pilon en guise de cuillère. Votre aïoli, s'il est réussi, sera ferme et vous pourrez fièrement y faire tenir droit votre pilon.

Présentation

✦ Le mortier doit trôner au centre de la table, avec tous les légumes autour, présentés sur un plat long et plat, avec la morue égouttée et le thon. Les œufs seront coupés en deux dans le sens de la longueur.

✦ Les convives composent leur assiette au gré de leur appétit et dégustent les différents ingrédients, dans l'ordre qui leur convient.

Le secret de ma mère

Ma mère n'utilise pas de jaune d'œuf et ajoute à sa pommade d'ail une pomme de terre cuite bien écrasée.

Variante

On peut ajouter à l'aïoli des **escargots**, des **tomates crues** et de grandes tranches de pain de campagne.

Choix de l'huile d'olive

Préférer une huile d'olive vierge, première pression à froid.

Depuis 45 siècles, l'huile d'olive sert à oindre, à guérir, à nourrir, elle sert aussi à cuire, à conserver, à parfumer des aliments simples des pays du soleil. Les experts ont constaté que sa composition, inchangée depuis le Néolithique, favorisait la santé de ceux qui la consommaient régulièrement, alors... laissez-vous aller !

Suggestion de menu

L'aïoli est un plat unique, il vaut mieux prévoir un dessert très léger (une glace ou un sorbet) et une longue sieste digestive après.

Un côtes de provence rosé, un tavel ou un coteaux de pierrevert rosé

Un bandol blanc ou un cassis blanc

Dorade en croûte de sel

Dorade ou daurade royale, ce grand poisson de mer est un classique de la cuisine du Sud. Elle se grille, se prépare au four sur un lit de tomates et de fenouils, mais c'est dans sa coque de sel que je la préfère car elle garde ainsi toute sa saveur initiale.

Pour 4 personnes

Préparation : 15 min
Cuisson : 40 min

Ingrédients

1 dorade de 400 g pour 2 personnes
1,5 kg de gros sel gris de mer
500 g de farine
1 verre d'eau
2 cuil. à soupe de brins de romarin
4 brins de thym

Dans le poisson
6 tiges de fenouil sec
6 feuilles de laurier

Sauce
1 œuf
20 cl d'huile d'olive
1 cuil. à café de pastis
1/2 citron (jus)
Fleur de sel
Poivre du moulin

Préparation de la croûte de sel

✦ Préchauffer le four à 240 °C (th. 8).

✦ Mélanger la farine, le gros sel, les herbes grossièrement coupées et un verre d'eau au moins pour obtenir une pâte à sel souple.

✦ Laver le poisson, enfouir le fenouil et le laurier dans les dorades.

✦ Sur la lèchefrite du four, déposer une couche de croûte de sel, placer les 2 dorades et recouvrir complètement de ce qui reste de croûte de sel. Si la croûte est insuffisante en raison de la taille des poissons, compléter en respectant les proportions farine et gros sel.

✦ Enfourner pour 40 min.

La sauce

✦ Faire une mayonnaise avec 1 jaune d'œuf et l'huile d'olive. Saler, poivrer.

✦ Ajouter le pastis, le jus de citron et le blanc d'œuf monté en neige.

Le secret de ma mère

Ma mère prépare ses poissons ou ses volailles à la croûte de sel dans un joli plat en terre qu'elle porte directement sur la table. Elle accompagne ce poisson d'un beurre citronné : jetez 50 g de beurre mou dans un peu d'eau en ébullition, fouettez vigoureusement, ajouter 1 jus de citron, salez, poivrez. Parsemez de ciboulette ou d'estragon haché.

Bon à savoir

Minceur. La cuisson en croûte de sel est la cuisson la plus diététique qu'il soit (77 calories pour 100 g), sans adjonction de matière grasse. Vous pouvez utiliser la croûte de sel, avec ou sans herbes de Provence, pour cuire un poulet, une pintade, un saumon...

Variante

Loup en croûte de sel. Un loup suffira, vous adapterez la quantité de croûte de sel à son poids et à sa taille.

Choix du poisson
Pour 4 personnes, 2 belles dorades feront l'affaire, si vous êtes plus nombreux, choisissez un loup de mer. La dorade est bonne de septembre à février, le loup d'août à mars.

Suggestion de menu

~ Caviar d'aubergines, 62
~ *Dorade en croûte de sel*
~ Couronne de fruits en gelée de muscat de beaumes-de-venise, 236

Un mâcon blanc ou un cépage viognier (La Blaque)

Dorade à la marseillaise

Le Vieux-Port de Marseille est un lieu splendide pour les retours de pêche. Malheureusement, dès que l'on remonte vers le nord de la région, la Provence est bien pauvre en poissonniers. Heureusement, les étalages des poissonniers dans les hypermarchés sont garants de fraîcheur et offrent aux cuisiniers un vrai choix leur permettant de donner libre cours à leur imagination.

Pour 6 personnes

Préparation : 15 min la veille, 25 min le jour J
Marinade : 1 nuit
Cuisson : 45 min

Ingrédients

6 filets de dorade
2 tomates
3 oignons
10 cl d'huile d'olive
30 cl de vin blanc sec
Quelques branches de fenouil sec
1 dose de safran en poudre

Court-bouillon

6 pommes de terre
4 gousses d'ail
1 bouquet garni
1 oignon
Quelques brins de fenouil sec
Gros sel
Poivre

Aïoli

12 gousses d'ail
2 jaunes d'œufs
60 cl d'huile d'olive
1/3 cuil à café de gros sel

La veille

✦ Disposer les filets de dorade dans un plat creux.

✦ Les couvrir avec les oignons émincés et les tomates en rondelles.

✦ Briser quelques branches de fenouil sec, arroser avec l'huile d'olive et le vin blanc, saler, poivrer, ajouter le safran.

✦ Couvrir d'un papier aluminium et laisser au frais une nuit.

Le jour J

✦ Dans un couscoussier ou un cuit-vapeur, préparer un court-bouillon avec 1 litre d'eau, le bouquet garni, 1 oignon coupé en quatre, le fenouil sec, l'ail entier, du gros sel et du poivre. Faire frémir pendant 45 min.

Pendant ce temps...

L'aïoli

✦ Dans un mortier, placer d'abord le gros sel et les gousses d'ail dégermées et commencer à piler pour obtenir une pommade d'ail.

✦ Ajouter les jaunes d'œufs et travailler comme pour une mayonnaise, en versant l'huile d'olive, filet par filet, mais avec le pilon en guise de cuillère. Votre aïoli, s'il est réussi, sera ferme et vous pourrez fièrement y faire tenir droit votre pilon.

Cuisson des pommes de terre et du poisson

✦ Éplucher les pommes de terre, les couper en rondelles et les plonger dans le court-bouillon. Placer les filets au-dessus, dans le panier vapeur, laisser cuire 10 min.

✦ Bien égoutter le poisson et les pommes de terre avant de servir et détendre l'aïoli avec un peu de bouillon refroidi, servir en saucière.

Bon à savoir

Rapide. Même cuisson mais pas de marinade, le poisson est moins goûteux mais la préparation plus rapide et encore plus diététique.

Suggestion de menu

~ Confit de poivrons orange, 76

~ *Dorade à la marseillaise*

~ Gâteau de figues séchées, 270

Un coteaux d'aix-en-provence rosé ou un alsace tokay-pinot gris

Congre en raïto

D'origine ionienne, la raïto est une variante épicée de la concassée de tomates. Autrefois, c'est la morue qui se préparait en raïto et que l'on servait lors du gros souper de la veille de Noël, un repas maigre. Aujourd'hui, ce mode de préparation s'adapte aussi bien au congre qu'à tout autre poisson à chair ferme. On dit que cette recette est l'une des plus anciennes de la cuisine provençale et qu'elle nous vient des Phocéens.

Pour 6 personnes

Préparation : 50 min
Cuisson : 45 min

Ingrédients

1 tranche de congre par personne (d'environ 200 g)
4 grosses tomates
3 oignons moyens
3 gousses d'ail
1 petite branche de céleri
3 brins de persil plat
1 feuille de laurier
2 brins de thym ou de sarriette
1 clou de girofle
3 anis étoilé (ou badiane)
100 g d'olives noires dénoyautées
1 grosse cuil. à soupe de câpres
10 cl d'huile d'olive
6 cuil. à soupe de farine
1/2 bouteille de rouge corsé
Sel, poivre du moulin

Préparation de la raïto

✦Plonger les tomates 20 s dans une casserole d'eau bouillante. Puis les passer sous l'eau froide, les peler et les couper en deux horizontalement. Ôter les graines, couper la chair des tomates en petits cubes.

✦Dans une sauteuse ou un plat en terre cuite allant sur le feu, faire chauffer 2 cuil. à soupe d'huile d'olive et y faire revenir les oignons finement émincés.

✦Les poudrer avec de la farine, sans cesser de tourner pendant 30 s, verser le vin rouge, puis ajouter le bouquet garni (laurier, thym ou sarriette, céleri, persil...), les gousses d'ail sans leur germe, coupées en deux ou en trois et enfin les petits cubes de tomates. Saler et poivrer.

✦Couvrir, augmenter un peu la puissance du feu et laisser cuire 10 min.

✦Enlever le couvercle, remuer encore et laisser évaporer le liquide jusqu'à une consistance de purée liquide, ne pas hésiter à écraser les tomates dans le jus.

✦Ôter le bouquet garni, filtrer et passer ce jus au mixeur.

✦Le remettre sur le feu, vérifier l'assaisonnement et laisser réduire encore jusqu'à une consistance nappante.

Cuisson du congre

✦Fariner les tranches de congre.

✦ Faire chauffer l'huile d'olive restante dans une poêle et faire revenir les tranches de congre 4 à 5 min de chaque côté.

✦ Les plonger ensuite dans la sauce et laisser mijoter 10 min à feu doux.

✦ Hors du feu, ajouter les olives et les câpres.

✦ Repartir la sauce dans des assiettes creuses et placer une tranche de congre par assiette.

✦ Servir avec des petits coudes (coquillettes) et du gruyère râpé.

LE SECRET DE MA MÈRE

Elle ajoute toujours quelques filets d'anchois à la préparation du raïto, en toute fin de cuisson. Dans ce cas, limitez le sel.

BON À SAVOIR

Rapide. Utilisez de la pulpe de tomate concassée en boîte.

VARIANTES

~ ***Merlan en raïto*** ou ***Colin en raïto.*** Même préparation que pour le congre.

~ ***Morue en raïto.*** Faire dessaler la morue 15 h avant la préparation qui restera la même que celle indiquée pour le congre. Seul varie le temps de cuisson : 2 min dans la poêle pour la morue et pas plus de 8 min de mijotage dans le raïto.

~ ***Rougets en raïto.*** Même préparation mais le plat peut se manger froid. Cuisson des rougets : 8 min, pas plus.

Choix du poisson
Le congre ou fiélas est un poisson de soupe. C'est un poisson du littoral méditerranéen, en forme de serpent, dont on tire de belles tranches qui se prêtent aussi à des brochettes ou à une cuisson mijotée, car sa chair est plutôt ferme. À l'origine, le mot s'écrivait « fiélats », de filet (*fielet* en provençal), car ce poisson s'entortille autour de sa proie comme un filet. Il faut éviter la queue qui est pleine d'arêtes et préférer un morceau plus central.

Suggestion de menu

~ Tartine à la tapenade, 18
~ *Congre en raïto*
~ Figues rôties au laurier, 269

Un bandol blanc

Moules aux épinards

Une vieille recette marseillaise, avec des moules de Toulon, qui sont des moules à farcir, assez rustique, ma foi, mais qui ferait aimer les épinards à n'importe qui.

Pour 6 personnes

Préparation : 20 min
Cuisson : 30 min

Ingrédients

1 kg de grosses moules de Toulon ou d'Espagne
500 g de moules de bouchot
1 kg d'épinards frais
2 tomates
1 oignon
2 tranches de pain rassis pour la mie
1 verre de lait
Sel, poivre du moulin

Choix des moules
Il faut utiliser 2 types de moules pour ce plat, les grosses moules à farcir, dites moules d'Espagne, et les plus petites, de bouchot ou autres.

Préparation des épinards

✦ Laver les épinards, puis les ébouillanter quelques instants dans un peu d'eau et les hacher fin.

✦ En réserver deux grosses cuillerées.

✦ Mélanger le reste à la mie de pain ramollie dans du lait et égouttée.

Cuisson des moules

✦ Mettre les grosses moules dans une casserole à fond épais posée sur feu vif et, dès qu'elles sont ouvertes, les sortir de leurs coquilles. Conserver toutes les coquilles.

✦ Dans une cocotte, sur le feu, ouvrir de la même façon les petites moules dans un peu d'eau. Les retirer de leurs coquilles qui, elles, ne serviront pas.

Préparation du plat

✦ Mélanger les épinards, les petites moules et la mie de pain, saler, poivrer.

✦ Farcir les grosses moules de ce hachis, replacer la coquille supérieure des grosses moules et ficeler.

✦ Dans une grande poêle, faire roussir dans un peu d'huile d'olive les épinards réservés, les tomates coupées en quatre et l'oignon émincé. Ajouter les grosses moules farcies et laisser cuire doucement 10 min.

LE SECRET DE MA MÈRE

Ma mère ajoute toujours un peu d'ail au fond de la poêle, mais veille à ne pas le laisser roussir, ce qui le rendrait indigeste.

Suggestion de menu

~ Salade de fromage à l'ail, 86
~ *Moules aux épinards*
~ Gâteau de pommes aux oranges confites, 242

Un alsace riesling
ou un sancerre blanc

Soles rôties à la sauge

La sole est un poisson de riche pour les Provençaux les plus éloignés de la mer, et c'est le cas dans les Alpes de Haute-Provence. Cependant, même si le prix reste élevé, on en trouve sur les marchés et bien sûr dans les poissonneries des hypermarchés toujours très bien achalandées en marée. L'alliance de cette chair blanche et ferme et de la sauge qui pousse dans nos jardins est du meilleur effet. Disons qu'il s'agit là d'un plat du dimanche.

Pour 6 personnes

Préparation : 40 min
Cuisson : 6 min

Ingrédients
6 soles
150 g de beurre

Panure à l'anglaise
500 g de parmesan
3 œufs entiers
100 g de farine
Poivre

Sauce
2 cuil. à soupe de sauce soja
10 cl de vinaigre de xérès
50 g de beurre
Quelques feuilles de sauge fraîche

Préparation de la panure

✦ Râper 500 g de parmesan. Casser 3 œufs et les battre en omelette. Ajouter la farine et le poivre.

✦ Mettre cette panure dans une assiette creuse. Paner les soles l'une après l'autre.

Cuisson des soles

✦ Préchauffer le four position gril.

✦ Clarifier le beurre : dans une petite casserole, faire fondre le beurre et écumer, puis verser le liquide jaune dans un bol en veillant à ce que la caséine (dépôt blanchâtre) ne vienne pas avec. Ce beurre ainsi clarifié peut être conservé plusieurs semaines au réfrigérateur et peut être chauffé sans brûler ou noircir puisque la caséine a disparu.

✦ Mettre le beurre clarifié dans une poêle et y faire cuire les soles, d'abord côté peau blanche, puis côté peau grise, terminer en passant quelques secondes ces soles sous le gril du four.

Finition

✦ Déglacer la poêle au vinaigre de xérès, ajouter la sauce soja puis la sauge fraîche coupée en petites lamelles, monter au beurre mou.

✦ Servir les soles entourées de ***Gnocchis de pommes de terre au thym et au romarin*** (recette p. 218) poêlés dans 25 g de beurre.

Le secret de ma mère

Ma mère pousse le raffinement jusqu'à ôter l'arête centrale des soles pour les farcir au moment de servir de petits légumes en julienne (carottes, navets, poireaux...).

Variante

Barbue à la sauge ou ***Turbotin à la sauge.*** Même préparation pour accompagner ces poissons fins qui, comme la sole, se marieront délicieusement à la sauge fraîche.

Suggestion de menu

~ Rillettes de sardines, 57
~ *Soles rôties à la sauge*
~ Gâteau au citron d'Hyères, 244

Un palette blanc (Château Simone)

Thon rouge à la provençale

Pour 6 personnes

Préparation : 15 min
Cuisson : 50 min

Ingrédients

2 tranches de thon de 600 g chacune
1 tranche de jambon de pays, plutôt épaisse
8 tomates
1 citron (jus)
3 oignons
1 brin de thym
2 feuilles de laurier
4 gousses d'ail
4 cuil. à soupe de câpres
6 cuil. à soupe d'huile d'olive
Sel, poivre du moulin

Choix du thon
Vous trouverez sur la plupart des marchés de Provence et d'ailleurs des thons entiers prêts à être débités en tranches plus ou moins épaisses. Ce « steak de la mer » est un poisson gras mais très diététique, goûteux et moelleux, lorsqu'il est cuisiné avec soin.

✦ Préchauffer le four à 210 °C (th. 7).

✦ Émincer les oignons, hacher les gousses d'ail.

✦ Laver les tomates et les ouvrir en huit, comme une fleur.

✦ Couper le jambon en petits dés.

✦ Dans une poêle, faire revenir les tranches de thon dans de l'huile chaude (4 cuil. à soupe) pendant 5 min.

✦ Saler, poivrer et réserver.

✦ Dans la même huile, faire revenir les oignons, l'ail (sans le faire brûler ce qui le rendrait indigeste), le jambon, ajouter les câpres et faire cuire 10 min.

✦ Dans un plat allant au four, déposer la moitié du hachis, poser les tranches de thon et recouvrir avec l'autre moitié de ce hachis.

✦ Disposer les tomates autour du thon, saler et poivrer à nouveau et arroser du jus de citron et de 2 cuil. à soupe d'huile d'olive, placer le thym et le laurier sur le hachis, enfourner pour 30 min en prenant soin de recouvrir le plat d'un papier d'aluminium.

LE SECRET DE MA MÈRE

Ma mère utilise, pour cuire ce plat, un grand plat en terre cuite qu'elle a rapporté d'Espagne.

Suggestion de menu

~ Œufs en tripes, 234
~ *Thon rouge à la provençale*
~ Sorbet au nougat, 279

Un cassis blanc

Tartare de thon à l'aïoli

2 heures avant de servir

✦ Sur une planche en bois, hacher le thon, au hachoir à main ou à l'aide d'un couteau de cuisine approprié.

✦ Le placer dans un bol avec le jus de 3 citrons.

✦ Laisser mariner 2 h avec du sel.

Peu avant de servir

✦ Découper les poivrons en petits dés.

✦ Hacher les échalotes et les herbes (ciboulette et persil), les mélanger au poisson mariné, saler et poivrer à nouveau, rectifier l'assaisonnement.

✦ Confectionner de petits steaks de thon et présenter dans les assiettes sur 1 feuille de laitue avec des tomates-cerises et des olives et un trait d'huile d'olive.

✦ Servir avec la saucière d'aïoli.

Le secret de ma mère

Ma mère saupoudre ses tartares de quelques graines de sésame blanc.

Pour 6 personnes

Préparation : 25 min
Marinade : 2 h

Ingrédients

1 kg de thon rouge
1/2 poivron vert
1/2 poivron rouge
1/2 poivron jaune
1 laitue
12 tomates-cerises
3 citrons (jus)
5 échalotes
1 bouquet de ciboulette
1 bouquet de persil plat
24 olives noires de Nice
1 trait d'huile d'olive sur chaque tartare
1 saucière d'aïoli (recette p. 170)
Sel, poivre du moulin

Suggestion de menu

~ *Tartare de thon à l'aïoli*
~ Tian de tomates et courgettes, 192
~ Faux soufflé aux abricots, 256

Un coteaux d'aix-en-provence rouge

Les légumes

Petits farcis en farandole
Courgettes et tomates

Il en existe une recette par famille au moins. Les farcis sont l'un des plats les plus représentatifs de la cuisine provençale, il en existe des dizaines de recettes, farce au gras, farce au maigre... et je n'ai pas la prétention de vous livrer là une recette « révolutionnaire ». Je vous transmets celle qui a cours chez nous, depuis des générations, et que Tatette, ma grand-tante, notamment, préparait avec amour. Votre imagination personnelle fera le reste et je suis sûre que chacun d'entre vous ajoutera sa touche. Les recettes, c'est bien connu, sont comme les lois, faites pour être transgressées !

Pour 6 personnes

Préparation : 15 min
Cuisson : 30 min

Ingrédients

6 courgettes
6 belles tomates un peu mûres
1 oignon
2 brins de thym émiettés
2 cuil. à soupe de sucre en poudre
Huile d'olive
Chapelure

Farce

200 g de brousse
3 tranches de jambon un peu épaisses (ou un reste de viande froide)
2 œufs durs
4 gousses d'ail
1 bouquet de persil plat

Préparation des légumes

✦Couper les courgettes en deux dans le sens de la longueur, s'il s'agit de courgettes longues, couper le chapeau s'il s'agit de courgettes rondes et faire de même pour les tomates.

✦À l'aide d'une cuillère parisienne ou d'une toute petite cuillère à moka, évider la chair des légumes.

✦Hacher grossièrement cette chair en mélangeant tomates et courgettes à l'aide d'un hachoir à main ou d'un couteau de cuisine approprié.

Préparation de la farce

✦Hacher le persil et les tranches de jambon.

✦Préparer la mie de pain : tremper rapidement la baguette dans un peu d'eau ou de lait tiède, l'essorer, la mettre dans le hachis, ajouter l'ail écrasé ainsi que les œufs durs entiers.

✦Travailler cette farce et la faire revenir dans un peu d'huile d'olive à la poêle en donnant deux ou trois tours.

✦Ajouter la brousse, les 3 brins de thym émiettés, saler et poivrer.

✦Préchauffer le four à 240 °C (th. 8).

Préparation des farcis

✦ Dans un plat allant au four, répartir les 2 brins de thym émiettés, un peu de sucre en poudre et quelques rondelles d'oignons.
✦ Déposer les légumes garnis de farce.
✦ Arroser d'un filet d'huile d'olive et d'un peu de chapelure.
✦ Cuire au four à 210 °C (th. 7) pendant 30 min.

LE SECRET DE MA MÈRE

Ma mère ajoute à sa farce un fromage de chèvre frais ou un peu de crème fraîche épaisse qu'elle fait réduire avec une poignée de feuilles de basilic.

VARIANTE

Aubergines farcies. Les aubergines s'accommodent mieux d'une farce au gras, avec de la viande de bœuf, par exemple, hachée avec de la menthe et des pignons de pin et un œuf entier en guise de liaison, la cuisson est alors de 40 min environ au four à 210 °C (th. 7).

3 brins de thym
1/4 de baguette rassie
3 cuil. à soupe d'huile d'olive
Un peu de lait ou d'eau
Sel, poivre du moulin

Choix des courgettes
Rondes ou longues, les courgettes sont traditionnellement des légumes à farcir, vous pouvez les préparer en les cannelant, c'est-à-dire en n'épluchant qu'une bande de peau sur deux.

Suggestion de menu

~ Melon glacé au vin de framboise, 54
~ *Petits farcis en farandole*
~ Tarte aux figues tombées, 272

Un côtes du ventoux rouge ou un côtes de provence rosé

Coulis de tomate

Pour 6 personnes

Préparation : 10 min
Cuisson : 1 h

Ingrédients

1,5 kg de grosses tomates bien mûres
6 gousses d'ail
1 feuille de laurier
1 brin de thym
6 cuil. à soupe d'huile d'olive
Sel, poivre du moulin

Peler les tomates

✦ Plonger les tomates 20 s dans une casserole d'eau bouillante. Puis les passer sous l'eau froide, les peler, les couper en quatre et ôter les graines.

Faire compoter le coulis

✦ Dans une cocotte, faire chauffer l'huile et, lorsqu'elle est chaude, déposer les tomates accompagnées de l'ail pelé, du thym, du laurier, saler et poivrer.

✦ Laisser mijoter à feu doux environ 30 à 40 min, jusqu'à ce que les tomates soient bien fondues, en surveillant bien la cuisson.

✦ Passer le coulis à la moulinette et le garder au chaud ou le laisser refroidir, selon l'utilisation qui en sera faite.

Tomates à la provençale

Un des très grands classiques de la cuisine provençale, que l'on trouve aujourd'hui sur toutes les tables de France, la plupart du temps réalisé à la poêle. La cuisson traditionnelle se fait au four et la saveur n'est pas du tout la même.

✦ Préchauffer le four à 180 °C (th. 6).

✦ Laver et essuyer les tomates, enlever le pédoncule, couper la tomate en deux transversalement.

✦ Saler sur la face coupée et laisser de côté 20 min.

✦ Placer de l'huile d'olive sur la plaque du four et placer les tomates, face coupées sur le dessus.

✦ Dégermer l'ail et le hacher avec le persil.

✦ Répartir ce hachis sur les tomates.

✦ Mettre au four 15 min.

✦ Sortir la plaque et répartir cette fois la chapelure, replacer à four chaud ou encore mieux sous le gril pendant 5 min, pour les faire dorer.

Le secret de ma mère

Ma mère ne jette jamais son vieux pain et elle râpe elle-même sa chapelure, ce qui est meilleur que la chapelure toute faite, achetée en paquet.

Suggestion de menu

~ Mousse de thon à la brousse et aux pistaches, 72
~ Côtelettes d'agneau
~ *Tomates à la provençale*
~ Soupe de clémentines aux épices, 264

Un corbières rouge

Pour 6 personnes

Préparation : 30 min
Cuisson : 20 min

Ingrédients

8 grosses tomates à maturité
6 gousses d'ail
8 brins de persil plat
100 g de chapelure
20 cl d'huile d'olive
Sel, poivre du moulin

Rapide
On peut cuire les tomates à la poêle avec les mêmes ingrédients, la saveur est différente, mais cela reste très agréable comme accompagnement d'une viande d'agneau ou d'un poisson.

Papeton d'aubergines

C'est mon amie Diane qui m'a confié cette recette, elle la tient elle-même de la mère d'une copine... C'est souvent ainsi que se forme la grande chaîne des gourmets, chacun apportant au passage sa propre touche.

Pour 6 personnes

Préparation : 1 h 30
Cuisson : 1 h (coulis de tomate)
1 h (papeton)

Ingrédients

10 aubergines
3 gousses d'ail
3 échalotes
1 feuille de laurier
1 brin de thym
50 cl de crème fraîche
4 œufs
20 g de beurre
6 cuil. à soupe d'huile d'olive
Sel, poivre du moulin

Coulis de tomate

1,5 kg de grosses tomates bien mûres
6 gousses d'ail
1 feuille de laurier
1 brin de thym
6 cuil. à soupe d'huile d'olive
Sel, poivre du moulin

Préparation du coulis de tomate

✦ Préparer le coulis de tomate comme indiqué dans la recette p. 188. Laisser mijoter 1 h.

Préparation du papeton

✦ Pendant que le coulis de tomate mijote, couper les aubergines en fines tranches dans le sens de la longueur.
✦ Saler généreusement et les laisser dégorger sous un torchon propre pendant 1 h.

1 heure après

✦ Dans une cocotte, faire chauffer l'huile d'olive puis ajouter les tranches d'aubergines, bien essorées dans du papier absorbant.
✦ Quand elles sont bien dorées, ajouter également l'ail écrasé, le laurier, le thym émietté, les échalotes et du poivre.
✦ Au bout de 30 min, vérifier la cuisson et passer les aubergines à la moulinette.
✦ Préchauffer le four à 240 °C (th. 8).
✦ Ajouter la crème fraîche et les œufs entiers battus en omelette.
✦ Huiler généreusement un moule à charlotte de 15 cm de diamètre et de 7 cm de hauteur et remplir le moule de cette purée d'aubergines.
✦ Faire cuire 30 min au bain-marie à 180 °C (th. 6).

Pour le service

✦ Au moment de servir, démouler le papeton et napper avec le coulis de tomate auquel vous aurez ajouté 20 g de beurre.

LE SECRET DE MA MÈRE

Ma mère fait revenir quelques lardons dans une poêle, sans matière grasse, et elle garnit le papeton de ces lardons encore tièdes.

BON À SAVOIR

~ **Rapide.** Vous pouvez faire cuire les aubergines à l'autocuiseur, elles seront cuites en 10 min chrono, mais ne seront pas dorées.

~ **Surgelés.** Vous pouvez utiliser des aubergines surgelées achetées chez Picard Surgelés : elles se réchauffent très bien au micro-ondes.

Suggestion de menu

~ Toasts de grive... sans grive, 20

~ *Papeton d'aubergines*

~ Tarte aux figues tombées, 272

Un beaumes-de-venise rouge

Tian de tomates et courgettes

Le tian, c'est un plat en terre cuite qui va au four. C'est aussi le nom de la préparation que l'on fait en général à base de légumes, tomates, courgettes, et qui cuit longuement au four, prêt à attendre le temps qu'il faut que les amis finissent leur apéritif sur la terrasse ou papotent avant de se mettre à table.

Pour 6 personnes

Préparation : 20 min
Cuisson : 1 h à 1 h 15

Ingrédients

4 ou 5 oignons, selon la taille
800 g de tomates
800 g de courgettes
2 gousses d'ail
1 brin de thym
8 cuil. à soupe d'huile d'olive
Sel, poivre du moulin

Fondue d'oignons

✦ Préchauffer le four à 210 °C (th. 7).
✦ Peler les oignons puis les découper en fines rondelles.
✦ Faire chauffer la moitié de l'huile d'olive dans une poêle, ajouter les oignons et faire blondir tout doucement 30 min.

Montage du tian

✦ Frotter d'ail un tian ou tout autre plat en terre allant au four.
✦ Répartir la fondue d'oignons dans le plat.
✦ Peler les courgettes une bande sur deux et les émincer en très fines rondelles de 2 à 3 mm.
✦ Couper les tomates en fines rondelles.
✦ Disposer sur la fondue d'oignons une couche de tomates, puis un rang de rondelles de courgettes, très serrées, presque à la verticale.
✦ Parsemer de thym, d'ail écrasé, saler, poivrer et arroser du restant d'huile d'olive
✦ Enfourner et laisser cuire 1 h ou même un peu plus, en prenant soin d'arroser les légumes avec leur jus 3 ou 4 fois pendant la cuisson.

BON À SAVOIR

~ **Rapide.** Ma mère prépare souvent ce plat à l'avance et le réchauffe au moment de passer à table au four traditionnel ou même au micro-ondes.

~ **Tian.** Il existe en Provence une multitude de tians réalisés par les artisans potiers de la région. Si vous en achetez un, n'oubliez pas de le laisser tremper 1 nuit dans un bain d'eau froide, au risque de le voir éclater à la première cuisson (cela m'est déjà arrivé...). Lorsque je confectionne un tian qui va directement du four à la table, je choisis un beau plat de couleur bleue ou verte, comme on en trouve à la Terraïo (à Forcalquier).

Suggestion de menu

~ *Tian de tomates et courgettes*

~ Gigot d'agneau de Lure aux blettes, 140

~ Glace à la verveine, 280

Un côtes du roussillon rosé

Ratatouille aux tomates confites

La ratatouille, c'est la base de la cuisine provençale. Elle a été ou elle sera l'incontournable de vos étés. Chacun a sa recette, sa façon de cuire les légumes, son petit truc. Elle n'aura jamais le même goût, faite chez moi ou chez ma mère. Comme n'avait jamais le même goût, la daube de ma grand-mère ou celle de ma grand-tante. Pourtant elles m'ont transmis leur recette, la même qu'elles utilisaient depuis des années et la même qu'utilisait leur mère. Mais, c'est bien là la magie de la cuisine : on nous donne l'alphabet, à nous... À vous de tracer les mots et d'imaginer ce que l'on peut faire avec une base d'ingrédients invariables : tomates, courgettes et aubergines... Voici une variante aux tomates confites dont vous me direz des nouvelles.

Pour 6 personnes

Préparation : 30 min
Cuisson : 30 min

Ingrédients

3 courgettes
1 aubergine
2 poivrons rouges
8 tomates moyennes
4 gousses d'ail
1 brin de romarin
1/2 orange (jus)
5 cuil. à soupe de tapenade (recette p. 16)
30 cl de crème fleurette
1 cuil. à soupe de sucre en poudre
3 cuil. à soupe d'huile d'olive
10 g de beurre
Sel, poivre du moulin

Cuisson des légumes

✦ Commencer par laver avec soin tous les légumes, peler l'ail.

✦ Plonger les tomates 20 s dans une casserole d'eau bouillante. Puis les passer sous l'eau froide, les peler, les couper en quatre et ôter les graines.

✦ Couper en petits dés les courgettes, les aubergines, les poivrons et les tomates pelées.

✦ Dans un grand faitout, faire chauffer l'huile d'olive et quand elle est chaude, faire sauter les cubes de légumes accompagnés de l'ail et du romarin. Saler et poivrer.

✦ Baisser fortement le feu et laisser mijoter sous couvercle pendant 30 min.

Tomates confites

✦ Profiter de ce temps pour couper les tomates restantes en quartiers.

✦ Faire fondre le beurre dans une poêle.

✦ Déposer les quartiers de tomates et saupoudrer de sucre pour faire doucement caraméliser.

✦ Quand les tomates prennent couleur et commencent à caraméliser, ajouter le jus d'orange.
✦ Laisser confire encore quelques minutes puis arrêter la cuisson et réserver.

Finition
✦ Quand la ratatouille est cuite, ajouter la crème fleurette et laisser au frais.
✦ Veiller à ce que les légumes soient encore un peu croquants.
✦ Servir avec la tapenade et les tomates confites en décoration.

Le secret de ma mère

Ma mère aime les saveurs très relevées et ajoute souvent un petit piment perroquet dans sa ratatouille.

Bon à savoir

Minceur. Supprimer la crème fleurette et ajouter à la place un yaourt au goût bulgare.

Suggestion de menu

~ Tartine à la tapenade, 18
~ Gigot d'agneau de Lure (sans blettes), 140
~ *Ratatouille aux tomates confites*
~ Gâteau à l'orange, 248

Un côtes du roussillon rosé

Gratin de courgettes
des familles

Un très grand classique, qui s'accommode dans chaque famille avec quelques variantes. C'est l'accompagnement des viandes rôties, des petites côtelettes d'agneau, bref d'une cuisine sans prétention, goûteuse et conviviale, toujours prête à faire de la place à l'invité qui s'annonce à la dernière minute.

Pour 6 personnes

Préparation : 20 min
Cuisson : 30 min

Ingrédients

1 oignon
4 courgettes
2 œufs
4 cuil. à soupe de chapelure
4 cuil. à soupe d'huile d'olive

Béchamel
3 cuil. à soupe de farine
80 g de beurre
1/2 litre de lait

La béchamel

✦Préparer la béchamel comme indiqué dans la recette p. 232. Celle-ci comprend un peu moins de lait que la recette de base, car elle va être allégée par les blancs d'œufs.

Le gratin

✦Préchauffer le four à 180 °C (th. 6).
✦Peler et émincer l'oignon en rondelles fines.
✦Laver les courgettes et les couper en dés.
✦Dans une poêle, faire chauffer 2 cuil. à soupe d'huile d'olive et faire revenir l'oignon et les dés de courgettes.
✦Casser les œufs en séparant les blancs des jaunes. Monter les blancs en neige.
✦Incorporer les jaunes à la béchamel puis les blancs en neige avec délicatesse, sans les casser.
✦Dans un plat à gratin, déposer les légumes et recouvrir du mélange béchamel et œufs.
✦Répartir la chapelure sur le gratin et verser un filet d'huile d'olive avant d'enfourner pendant 30 min.

Le secret de ma mère

~ Ma mère ne rechigne jamais à employer une huile d'olive de grande qualité pour faire revenir ces courgettes, elle utilise

notamment l'huile du moulin d'Oraison, le moulin Paschetta-Henry (voir « Nos meilleures adresses », p. 302).
- Elle ajoute 1 pincée de noix muscade à sa béchamel.

VARIANTE

- ***Gratin de courgettes à la purée de sésame.*** Si vous ne tolérez pas les œufs ou le lait ou si, tout simplement, vous aimez le goût du sésame et vous voulez varier, remplacez la béchamel par une purée de sésame.
- ***Gratin de courgettes à la purée d'amandes.*** Vous pouvez de la même manière utiliser de la purée d'amandes blanchies.
- On trouve ces purées dans les magasins diététiques ou chez Perlamande, par correspondance (voir « Nos meilleures adresses », p. 302).

Suggestion de menu

- Salade de poivrons rouges, 22
- Côtelettes d'agneau
- *Gratin de courgettes des familles*
- Crème brûlée aux calissons, 252

Un corbières rouge

Soufflé de pommes de terre de Valensole

Pour 6 personnes

Préparation : 10 min
Cuisson : 40 min

Ingrédients

6 belles pommes de terre (bintje)
4 gousses d'ail
4 cuil. à soupe d'huile d'olive
1/2 litre de lait
3 œufs
4 cuil. à soupe de chapelure

Minceur
Vous pouvez aussi monter les blancs en neige, vous obtiendrez alors un soufflé plus allégé, non pas en calories, mais au goût. Les régimes récents ont remis à l'honneur la pomme de terre, qui peut être consommée, surtout au déjeuner, en proportion raisonnable.

Cuisson des pommes de terre

✦ Éplucher et laver les pommes de terre, les faire cuire en petits cubes pendant 20 min.
✦ Quand les pommes de terre sont cuites, les égoutter et les passer au presse-purée.
✦ Préchauffer le four à 180 °C (th. 6).

Préparation du gratin

✦ Dans un plat à soufflé allant sur le feu, faire revenir à l'huile d'olive l'ail écrasé, sans le faire roussir, ce qui le rendrait indigeste.
✦ Casser les œufs dans la purée et ajouter du lait pour obtenir une purée assez épaisse.
✦ Placer la purée dans le plat à soufflé et recouvrir de chapelure.
✦ Faire cuire pendant 20 min.

Le secret de ma mère

Ma mère monte sa purée exclusivement à l'huile d'olive.

Suggestion de menu

~ Melon glacé à l'hydromel, 55
~ Filet de bœuf au pistou, 152
~ *Soufflé de pommes de terre de Valensole*
~ Glace à la verveine, 280

Un faugères rouge

Champignons farcis
à la brousse et au pistou

C'est une petite entrée rapide, diététique, à manger froide ou chaude ou à présenter en apéritif avec un rosé bien frais. On la compose avec des fines herbes de saison : basilic, cerfeuil, persil plat, aneth... Et pour l'alléger, on remplace la brousse par du fromage blanc à 0 %.

Préparation des champignons

✦ Préchauffer le four à 180 °C (th. 6).

✦ Ôter le pied des champignons et essuyer la tête avec un papier absorbant, s'ils sont trop terreux, les passer rapidement sous l'eau et essuyer aussitôt. Les poser sur la plaque du four (lèchefrite) ou dans un moule à gratin.

Préparation de la farce

✦ Dans un saladier, écraser finement la brousse (ou la ricotta), ajouter 1 jaune d'œuf, du sel, du poivre fin et le basilic ou le bouquet de fines herbes haché.

✦ Mélanger à la fourchette puis farcir chaque champignon avec 1 cuil. à soupe de ce mélange.

✦ Enfourner la lèchefrite ou le plat à gratin pour environ 15 min.

✦ Ce plat se déguste aussi bien chaud que froid.

Suggestion de menu

~ *Champignons farcis à la brousse et au pistou*
~ Pâtes en salade aux olives, thon et tomates, 210
~ Blanc-manger de Cosa à la purée d'amandes, 250

🍷 Un côtes de provence rosé

Pour 6 personnes

Préparation : 10 min
Cuisson : 15 min

Ingrédients

12 gros champignons de Paris
250 g de brousse ou de ricotta
1 jaune d'œuf
12 feuilles de basilic ou 1 bouquet de fines herbes de saison (cerfeuil, persil plat, aneth, ciboulette...)
Sel, poivre fin

Choix des champignons

Choisir de préférence de gros champignons de Paris, ils sont plus faciles à farcir, sinon, prendre de plus petits champignons et multiplier leur nombre par 2 car on en mangera plus.

Petits artichauts poivrades en marinade

C'est sa réputation d'aphrodisiaque qui a favorisé le succès de l'artichaut, longtemps considéré comme un aliment « de riche ». Aujourd'hui, il s'est démocratisé et c'est désormais un produit commun qui se cultive notamment dans la vallée de la Durance.

Pour 6 personnes

Préparation : 20 min
Cuisson : 10 min
Repos au frais : 1 nuit

Ingrédients

6 artichauts poivrades
4 citrons (jus)
4 gousses d'ail
4 feuilles de laurier
1/2 cuil. à café de graines de coriandre
4 cuil. à soupe d'huile d'olive
1 cuil. à soupe de gros sel

Choix du produit
Il existe plusieurs types d'artichauts de Provence : l'artichaut violet ou artichaut poivrade et l'artichaut blanc.
La région d'Aix-Saint-Cannat et la vallée de la Durance produisent des violets au printemps, le blanc hyérois ou le blanc de Provence voient le jour

Préparation des artichauts, la veille

✦ Ôter la tige des artichauts en la cassant à 3 ou 4 cm des capitules (têtes des artichauts).

✦ Enlever la première rangée de feuilles, toujours la plus dure.

✦ Trancher les artichauts en deux, dans le sens de la longueur. Les placer dans un plat creux et les recouvrir du jus d'un demi-citron.

✦ Dans une casserole, presser le jus des citrons restant et ajouter à ce jus la même quantité d'eau, puis le gros sel.

✦ Porter à ébullition.

✦ Glisser les artichauts et le laurier dans la casserole d'eau citronnée.

✦ Relancer l'ébullition et faire cuire 8 à 10 min selon la taille des artichauts. Puis égoutter.

✦ Une fois les légumes refroidis, les laisser à nouveau égoutter sur du papier absorbant.

✦ Dans une terrine, placer les graines de coriandre et l'ail écrasé dans un fond d'huile d'olive.

✦ Recouvrir avec les moitiés d'artichauts et le laurier, ajouter l'huile d'olive et laisser mariner au frais 1 nuit au minimum.

Le secret de ma mère

Ma mère profite de la pleine saison des artichauts pour préparer quelques bocaux de ces délicieux poivrades. Ils se conservent alors plusieurs mois, s'ils sont bien recouverts d'huile d'olive.

Bon à savoir

Rapide. Je sers souvent ces artichauts avec de la brousse ou du brocciu et une bonne salade de roquette, je me sers alors de l'huile comme assaisonnement.

dans le Var et se retrouvent sur les marchés à la fin de l'été, quant à la Provence littorale, elle en produit en automne. Les artichauts de printemps sont plus petits et plus tendres que les artichauts d'automne, mais si vous n'avez pas la chance de faire les marchés de Provence, fiez-vous à votre instinct et recherchez sur les marchés de votre région ces artichauts violets qui se dégustent aussi bien crus que cuits.

Suggestion de menu

~ Salade de roquette à la brousse et *petits artichauts poivrades en marinade*
~ Gratin d'aubergines à la parmesane, 202
~ Flan au potiron, 258

Un mâcon rouge

Gratin d'aubergines
à la parmesane

Un plat où se mêlent les saveurs du Sud : le moelleux de l'aubergine rehaussé d'une petite pointe d'ail rencontre l'acidité sucrée de la tomate, la douceur de l'huile d'olive et les parfums de la garrigue. Un plat à servir en accompagnement d'un gigot ou d'une épaule d'agneau. Ou encore en plat unique pour le dîner familial !

Pour 6 personnes

Préparation :
15 min (la veille)
40 min (le jour même)

Cuisson :
20 min (coulis)
20 min (friture)
30 min (gratin)

Ingrédients
1 kg d'aubergines
200 g de parmesan ou 200 g de gruyère
2 cuil. à soupe de chapelure
Un peu de farine
20 cl d'huile d'arachide
20 cl d'huile d'olive
Gros sel

Coulis de tomate
1 kg de tomates bien mûres
1 gousse d'ail
2 brins de thym
1 feuille de laurier
Sel, poivre du moulin

La veille

✦ Retirer le pédoncule des aubergines, les laver, les essuyer et, sans les peler, les couper dans le sens de la longueur en lamelles de 1/2 cm d'épaisseur.

✦ Saupoudrer de gros sel et laisser dégorger pendant une nuit.

Le coulis de tomate

✦ Plonger les tomates 20 s dans de l'eau bouillante, puis les couper en deux dans le sens horizontal, les épépiner et les concasser grossièrement. Peler la gousse d'ail.

✦ Dans une casserole posée sur feu doux, mettre les tomates concassées, l'ail écrasé, le thym, le laurier, saler et poivrer.

✦ Laisser mijoter doucement ces ingrédients à découvert, pendant la préparation des aubergines. Cela prendra environ 20 min.

Les aubergines

✦ Égoutter les tranches d'aubergine et les essuyer avec du papier absorbant.

✦ Verser la farine dans une assiette, fariner les tranches d'aubergine et les poser sur un plat, en attente.

✦ Dans une poêle ou une sauteuse, faire chauffer de l'huile d'arachide et y faire revenir les tranches d'aubergine sur les deux faces, en procédant en plusieurs fournées. Elles doivent être dorées mais rester bien moelleuses. Les égoutter au fur et à mesure sur du papier absorbant.

Le gratin

✦ Préchauffer le four à 210 °C (th. 7).

✦ Râper le parmesan (ou le gruyère).

✦ Huiler un plat allant au four. Tapisser le fond d'une couche d'aubergines, couvrir de coulis de tomate, parsemer de parmesan râpé. Renouveler ces opérations en terminant par le parmesan.

✦ Recouvrir d'un peu de chapelure, arroser d'huile d'olive et enfourner pour 30 min.

Le secret de ma mère

Pour éviter que les aubergines n'absorbent trop d'huile, elle les badigeonne avec du blanc d'œuf avant de les faire revenir.

Bon à savoir

~ Les inconditionnels de l'**huile d'olive** peuvent, bien sûr, faire revenir les tranches d'aubergine dans de l'huile d'olive, mais c'est un peu plus lourd à digérer et le goût accentué de l'huile d'olive risque de masquer les autres saveurs.

~ **Parmesan.** Évitez de l'acheter déjà râpé en sachet, car il est moins goûteux. Le mieux est de l'acheter en vrac et de le râper au dernier moment.

~ **Rapide.** Vous pouvez préparer ce gratin le jour même. Dans ce cas, faites dégorger les aubergines 1 h (c'est le minimum).

~ **Préparation à l'avance.** On peut préparer ce gratin la veille (s'arrêter au stade du passage au four), le placer au réfrigérateur recouvert d'un film alimentaire et le faire gratiner le jour même. On peut aussi le congeler (en le préparant jusqu'au stade précédant le passage au four), il suffira de le décongeler à température ambiante 4 h avant de l'enfourner.

VARIANTE

Gratin d'aubergines à la mozzarella. Vous pouvez enrichir ce gratin en ajoutant des tranches de mozzarella que vous disposez entre le coulis de tomate et le parmesan râpé.

Suggestion de menu

~ Tartine à la tapenade et à l'omelette, 18

~ *Gratin d'aubergines à la parmesane*

~ Melon glacé au vin de framboise, 54

Un patrimonio rouge
ou un vin de Toscane
comme un Rosso di Montalcino
ou un Brunello di Montalcino

Légumes à la provençale

Artichauts, champignons, oignons, fenouils

Ces petits légumes auraient pu tout aussi bien s'appeler légumes « à la grecque », tant les saveurs grecques et provençales se croisent et se complètent, un peu comme avec la cuisine italienne. Même base de bonne huile d'olive, d'herbes odorantes, de tomates ou de fenouils ; même passion pour le compotage qui rend la cuisine facile au plus maladroit d'entre nous. C'est en tout cas un accompagnement frais et léger d'une belle romaine toute croquante par exemple.

✦ Préparer le court-bouillon, avec l'eau, l'huile d'olive et le jus du citron, les herbes aromatiques et les graines de fenouil.

✦ Porter ce court-bouillon à ébullition.

✦ Pendant ce temps, préparer les légumes, les laver, les émincer s'il s'agit des fenouils, puis les plonger dans le court-bouillon, poivrer et laisser mijoter le temps indiqué.

Le secret de ma mère

Ma mère prépare souvent ces légumes à l'avance et confectionne tout au long de la semaine de délicieux hors d'œuvre ou de savoureux « pickles » qui accompagnent ainsi viandes et poissons.

Suggestion de menu

~ Légumes à la provençale

~ Pâtes au pistou, 215

~ Soupe de raisins au muscat de beaumes-de-venise, 268

Un patrimonio rouge

Pour 6 personnes

Préparation : 10 min
Cuisson :
25 min (artichauts, fenouils, oignons)
10 min (champignons)

Ingrédients

Petits artichauts violets
ou fenouils en lanières
ou oignons blancs frais
ou petits champignons de Paris

Court-bouillon

2 verres d'eau
1 verre d'huile d'olive
1 citron (jus)
1 brin de thym
1 feuille de laurier
1 cuil. à soupe de graines de fenouil
Poivre du moulin

Purée épicée de potiron

Dans la famille, nous n'avons pas attendu que nous arrivent des États-Unis et du Canada la mode d'Halloween pour déguster des potirons sous toutes leurs formes. Le jardin de nos amis Doucet en est plein et Jacqueline m'en donne à chaque fois que possible, Halloween ou pas. Chacune d'entre nous a sa manière de faire la soupe au potiron et nous adorons échanger nos recettes, tester de nouvelles possibilités, ajouter tel ou tel ingrédient. C'est à l'infini que l'on peut explorer les possibilités offertes par les cucurbitacées. Voici une de nos recettes, plutôt épicée, relevée par le goût du Tabasco.

Pour 6 personnes

Préparation : 15 min
Cuisson : 20 min

Ingrédients

1 potiron de 2 kg environ
1,2 litre de lait
6 brins de coriandre fraîche
1 trait de Tabasco
Noix muscade
Gros sel
Sel, poivre du moulin

L'épluchage

✦ Le plus long dans cette recette est d'arriver à bout de la peau du potiron... Je conseille de découper votre potiron en tranches de 4 à 5 cm de large et d'enlever ensuite la peau très dure à l'aide d'un bon couteau en vous appuyant sur une planche de bois.
Il m'arrive d'utiliser aussi du potimarron, ce qui présente l'avantage de supprimer la « corvée de pluches », la peau du potimarron étant consommable.
✦ Débarrasser le potiron de ses pépins et de ses fils.
✦ Couper la chair en petits cubes.

La purée

✦ Mettre 2 litres d'eau dans une casserole avec du gros sel. Y jeter les dés de potiron et faire cuire avec un couvercle environ 10 min.
✦ Égoutter le potiron et le passer à la moulinette ou au presse-purée. Remettre la purée dans la casserole avec le lait, le Tabasco, de la noix muscade et du poivre.
✦ Réchauffer à feu très doux environ 10 min avant de servir.
✦ Ciseler la coriandre fraîche pour en parsemer la purée.

VARIANTES

~ ***Soupe au potimarron.*** Si vous utilisez du potimarron, contentez-vous de bien le rincer et de le découper sans enlever sa peau. Utilisez un peu plus de lait car le potimarron a une chair plus dense que le potiron.

~ Vous pouvez aussi réussir cette soupe avec tous les autres types de courges.

BON À SAVOIR

Rapide. Vous pouvez également cuire le potiron 8 min au micro-ondes à 600 W (puissance moyenne).

Suggestion de menu

~ Pain de courgettes, 66

~ *Purée épicée de potiron* avec des tranches de gigot

~ Gâteau à l'orange, 248

Un côtes de provence rosé (Porquerolles)

Les pâtes et les gnocchis

Pâtes en salade aux olives,
thon et tomates

Si vous avez cuisiné des pâtes en trop grande quantité et si vous rechignez à les jeter, essayez cette spécialité d'une de mes amies, Isabelle, qui est devenue au fil des ans le fournisseur officiel de salade de pâtes de notre groupe d'amis.

Pour 6 personnes

Préparation : 20 min
Cuisson : 10 à 12 min
Repos au frais : 12 h

Ingrédients

500 g de pâtes (farfalle ou macaroni)
4 belles tomates
1 concombre
15 olives noires
20 feuilles de basilic
1 boîte de thon à l'huile
1 bocal de câpres
Gros sel

Mayonnaise
1 jaune d'œuf
1 cuil. à soupe de moutarde forte de Dijon
25 cl d'huile neutre

Sauce moutarde
25 cl d'huile neutre
3 cuil. à soupe de moutarde forte de Dijon
4 cuil. à soupe de vinaigre

✦ Découper en petits cubes les tomates, le concombre épluché et les olives dénoyautées. Plus les dés seront petits, meilleure sera la salade.
✦ Hacher finement le basilic.
✦ Cuire les pâtes « al dente » dans une grande quantité d'eau bouillante salée.
✦ Égoutter et laisser refroidir.
✦ Quand les pâtes sont froides, ajouter les dés de légumes, les câpres, le thon égoutté, les olives, le basilic et mélanger intimement.

La sauce

✦ Préparer une mayonnaise : à l'aide d'un petit fouet, battre le jaune d'œuf et la moutarde et verser progressivement l'huile d'arachide en continuant à fouetter, augmenter la quantité d'huile au fur et à mesure.
✦ Préparer une sauce moutarde : mélanger le vinaigre et l'huile, ajouter la moutarde.
✦ Verser la sauce moutarde dans la mayonnaise et tourner avec délicatesse pour ne pas faire retomber la mayonnaise.

La salade

✦ Verser la sauce sur la salade, mélanger.
✦ Placer au frais recouvert d'un film transparent.
✦ Laisser 12 h au réfrigérateur en tournant de temps en temps.

Le secret d'Isabelle

Elle ajoute un trait d'huile d'olive à ses pâtes après les avoir égouttées, ce qui évite de les avoir trop collées lorsqu'elles refroidissent. Elle choisit souvent des pâtes multicolores pour ajouter une touche de couleur à un buffet.

Bon à savoir

Buffet. Ce plat de pâtes est parfait pour un buffet. Il se conserve 2 jours facilement.

Suggestion de menu

~ *Pâtes en salade aux olives, thon et tomates*
~ Blanc-manger de Cosa à la purée d'amandes, 250

Un côtes de provence rosé

Salade niçoise
aux pâtes et au basilic

La salade niçoise a fait ses preuves, on la retrouve aujourd'hui quasiment à tous les menus de Provence et d'ailleurs. Cette salade-là s'inspire librement des ingrédients d'origine mais prend quelques libertés avec la tradition.

Pour 6 personnes

Préparation : 30 min
Cuisson : 12 min

Ingrédients

350 g de pâtes courtes (penne)
200 g de haricots verts
3 grosses tomates bien mûres
1 bouquet de basilic frais équivalent à 6 cuil. à soupe de basilic ciselé
250 g de thon au naturel en boîte égoutté
3 œufs durs écallés et coupés en rondelles
1 boîte de filets d'anchois à l'huile
3 cuil. à soupe de câpres
Quelques olives noires pour la décoration

Vinaigrette
2 gousses d'ail écrasées

La vinaigrette

✦ Mélanger le jus de citron, la moutarde et du sel, ajouter l'huile d'olive et du poivre puis le persil haché et l'ail écrasé.

✦ Laisser reposer pendant la préparation de la salade.

La salade

✦ Dans une grande quantité d'eau bouillante salée, faire cuire les pâtes selon le temps indiqué sur le paquet, en général environ 12 min.

✦ Pendant ce temps, dans une autre casserole, faire bouillir une grande quantité d'eau salée. Équeuter les haricots verts et les blanchir quelques minutes dans l'eau bouillante, puis les passer sous l'eau froide après les avoir égouttés.

✦ Quand les pâtes sont cuites, les égoutter et les passer sous l'eau froide pour arrêter leur cuisson. Laisser refroidir.

✦ Couper les tomates en rondelles, les placer dans le fond d'un grand plat de service plutôt plat, arroser de vinaigrette et d'un peu de basilic ciselé.

✦ Placer les pâtes sur les tomates, recouvrir à nouveau de vinaigrette et de basilic.

✦ Ajouter le thon, grossièrement écrasé.

✦ Disposer joliment les rondelles d'œufs durs, les anchois, les câpres et les olives.

✦ Recouvrir de ce qu'il reste de vinaigrette et de basilic.

4 cuil. à soupe de persil plat haché
8 cuil. à soupe d'huile d'olive
3 cuil. à soupe de jus de citron
1 cuil. à café de moutarde forte de Dijon
Sel, poivre du moulin

LE SECRET DE MA MÈRE

Elle ne place jamais cette salade au réfrigérateur où elle perdrait toute sa saveur mais la sert encore tiède dès qu'elle a fini de la préparer.

BON À SAVOIR

Rapide. Des haricots verts surgelés feront très bien l'affaire si vous n'avez pas le temps d'équeuter de vrais haricots frais.

Suggestion de menu

~ *Salade niçoise aux pâtes et au basilic*
~ Daube de bœuf en gelée, 146
~ Le gâteau rouge d'Hilary, 240

Un côtes du roussillon-village rouge (Lesquerde)

Pâtes au romarin

Pour 6 personnes

Préparation : 10 min
Cuisson : 12 min

Ingrédients

400 g de tagliatelles
500 g de tomates mûres
5 cuil. à soupe de basilic ciselé
5 cuil. à soupe de persil plat ciselé
2 cuil. à soupe de romarin haché fin
6 cuil. à soupe d'huile d'olive
Gros sel

Accompagnement
Parmesan râpé

✦ Couper les tomates en deux, les égrener et les couper en dés.

✦ Faire cuire les pâtes environ 12 min dans une grande quantité d'eau bouillante salée.

✦ Chauffer l'huile d'olive, la verser sur les tomates, ajouter les pâtes égouttées et toutes les herbes (basilic, persil, romarin). Bien mélanger.

✦ Présenter avec le parmesan râpé.

Suggestion de menu

~ Confit de poivrons orange, 76
~ *Pâtes au romarin*
~ Sorbet au nougat, 279

Un coteaux d'aix-en-provence rouge

Pâtes au pistou

Une recette qui me valut mes premières larmes de jeune mariée, mon Alsacien de mari, à l'époque, peu habitué à la cuisine provençale, ayant émis des réserves sur ce plat qui figure parmi mes préférés. Plus de 20 ans de mariage ont suffi à le rendre aujourd'hui ardent défenseur du pistou et de la cuisine du Sud.

Préparation du pistou

✦ Plonger les tomates 20 s dans une casserole d'eau bouillante. Puis les passer sous l'eau froide. Ôter la peau et les graines, concasser la chair.

✦ Dans un mortier, préparer une pommade avec le basilic, les gousses d'ail pelées et dégermées, les pignons de pin, la chair de la tomate, le parmesan, les anchois et l'huile d'olive.

Cuisson des pâtes

✦ Cuire les pâtes fraîches dans une grande marmite d'eau bouillante en respectant les indications de cuisson fournies par votre épicier italien ou votre intuition...

✦ Égoutter avec soin puis disposer le pistou sur les pâtes et mélanger longuement en prenant soin de ne pas casser les pâtes.

Bon à savoir

Rapide. Des pâtes sèches feront aussi très bien l'affaire, choisir dans ce cas des spaghettis.

Pour 6 personnes

Préparation : 15 min
Cuisson : 12 min

Ingrédients

900 g de pâtes fraîches (tagliatelles)

Pistou

5 gousses d'ail
1 tomate mûre
1 bouquet de basilic
150 g de pignons de pin
3 filets d'anchois à l'huile
10 cuil. à soupe d'huile d'olive
200 g de parmesan

Proportions

Compter 150 g de pâtes par personne, 200 g en plat unique

Suggestion de menu

~ *Pâtes au pistou*
~ Fraises en salade au basilic, 239

Un patrimonio rouge

Raviolis aux courges

La cuisine provençale, c'est aussi la cuisine niçoise qui, comme chacun sait, est très proche, pour des raisons historiques, de la cuisine italienne. Cette influence se retrouve dans la soupe au pistou, variante du minestrone et aussi dans les pâtes, notamment dans les raviolis que les Niçois farcissent de multiples façons. La grande différence vient du fait que les raviolis niçois sont farcis d'un mélange de blettes et de viande ou de courge comme dans cette recette. On déguste aussi du côté de Nice la polenta ou la socca, d'importation génoise.

Pour 6 personnes

Préparation : 30 min
Repos de la pâte : 30 min
Séchage : 1 h
Cuisson : 20 min (courge) 2 à 4 min (raviolis)

Ingrédients

Pâte à raviolis
500 g de farine
1 cuil. à soupe d'huile d'olive
1 pincée de sel
Un peu d'eau

Purée de courge
1 tranche de courge
1 feuille de laurier
1 pomme de terre
Sel, poivre

Pour servir
Parmesan ou gruyère râpé

Préparation de la pâte à raviolis

✦ Travailler la farine directement sur la table (si l'on dispose d'un plan de travail en marbre, c'est encore mieux...), faire un puits et y verser 1 pincée de sel, l'huile et un peu d'eau.
✦ Pétrir jusqu'à obtenir une pâte ferme et lisse.
✦ Laisser reposer 30 min.
✦ Étendre la pâte au rouleau pour obtenir une feuille fine et lisse.

Préparation de la purée de courge

✦ Cuire avec un peu d'eau la courge épluchée et coupée en cubes, à laquelle on ajoutera du sel, du poivre, le laurier et éventuellement 1 pomme de terre en cubes.
✦ Passer la purée au presse-purée.

Montage des raviolis

✦ Placer sur la moitié gauche de la pâte de petits tas de purée de courge espacés de quelques cm les uns des autres. Replier l'autre moitié de la pâte et, avec une petite roulette à pâte, découper des carrés de 2 cm sur 2 cm.
✦ Laisser sécher 1 h sur un torchon bien fariné.

Cuisson des raviolis

✦ Porter à ébullition une grande quantité d'eau salée.

✦ Plonger les raviolis dans l'eau bouillante et récupérer les raviolis avec une écumoire dès qu'ils remontent à la surface.

✦ Servir avec du parmesan ou du gruyère râpé.

VARIANTES

~ ***Raviolis aux blettes.*** Préparer 500 g de feuilles de blettes cuites à l'eau ou à l'huile d'olive, hacher un fond de daube ou de viande de bœuf cuite et mélanger cette farce avec 1 œuf, les légumes et un peu de fromage blanc en faisselle et de chapelure. Saler, poivrer. Utiliser à la place des courges dans la préparation précédente.

~ ***Ravioles de Fours.*** 750 g de farine de froment, 4 œufs (ce qui donne une pâte plus souple), 1/2 litre d'eau, du sel pour la pâte. Pour la farce : des restes de fromage, une purée de pommes de terre avec du fromage, des oignons... en fait, tous les restes qu'on accommode car les ravioles étaient autrefois, chez les montagnards, le plat du pauvre.

Suggestion de menu

~ *Raviolis aux courges*
~ Soles rôties à la sauge, 180
~ Sorbet au nougat, 279

Un bellet blanc

Gnocchis de pommes de terre
au thym et au romarin

Pour 6 personnes

Préparation : 20 min
Cuisson : 40 min
(pommes de terre)
2 min (gnocchis)

Ingrédients

500 g de pommes de terre (bintje)
1 tête d'ail
1 bouquet garni (thym, laurier et romarin)
1 brin de thym émietté
1 brin de romarin émietté
100 g de farine
2 œufs entiers
1 jaune d'œuf
50 g de beurre (dont 25 g ramolli)
Sel, poivre du moulin

Pâte à gnocchis

✦ Faire cuire les pommes de terre à l'eau salée avec l'ail et le bouquet garni pendant environ 40 min. Puis les éplucher et les passer au presse-purée en retirant le bouquet garni.

✦ Ajouter les œufs entiers et le jaune d'œuf, ainsi que 25 g de beurre ramolli (mais pas fondu), malaxer.

✦ Verser 60 g de farine dans la préparation, bien mélanger, saler, poivrer. On doit obtenir une préparation ni trop humide, ni trop sèche.

✦ Séparer la purée en 2 parts égales. Dans l'une, ajouter un peu de thym émietté, dans l'autre un peu de romarin émietté.

✦ Confectionner des petits boudins de pâte, les couper et les laisser reposer au frais sur une planche farinée.

Cuisson des gnocchis

✦ **À la poêle.** Faire fondre 25 g de beurre dans une poêle. Y faire poêler les gnocchis jusqu'à ce qu'ils soient légèrement dorés.

✦ **Pochés.** Dans une grande casserole d'eau bouillante salée, plonger les gnocchis. Dès qu'ils remontent à la surface, les sortir à l'aide d'une écumoire et les servir immédiatement.

VARIANTES

~ ***Gnocchis de pommes de terre nature.*** Supprimer le bouquet garni, le thym et le romarin. Ces gnocchis pourront être accommodés selon le goût : au beurre et au parmesan, à la concassée de tomates...

~ ***Gnocchis de pommes de terre à la sauge.*** Faire fondre 60 g de beurre à feu doux et incorporer 6 à 8 belles feuilles de sauge fraîche passées sous l'eau et bien essorées. Laisser infuser environ 10 min. Redonner un coup de chaud et napper les gnocchis de pommes de terre nature de cette sauce savoureuse.

Suggestion de menu

~ Soupe aux 3 poivrons, 50
~ Estouffade d'agneau de Tante Colette au rosé de Pierrevert, 135
~ *Gnocchis de pommes de terre au thym et au romarin*
~ Fruits frais de saison

Un coteaux de pierrevert rosé

Les œufs

Le grand gâteau
d'omelette bariolée des vendangeurs

C'était le plat traditionnel des moissonneurs partant aux champs dans les Basses-Alpes. Les femmes le préparaient la veille avec toutes sortes de légumes et l'enveloppaient dans un grand torchon de lin pour la pause repas de leurs hommes.

Pour 6 personnes

10 petites omelettes à superposer
Préparation : 30 min
Cuisson :
6 à 8 min
10 min au four

Ingrédients

Pour chaque omelette
3 œufs
1 cuil. à soupe d'eau
1 cuil. à soupe d'huile d'olive

Omelette aux tomates
4 tomates bien mûres

Omelette aux épinards
250 g d'épinards surgelés

Omelette aux olives noires
200 g d'olives noires dénoyautées

Omelette aux champignons de Paris
250 g de champignons de Paris en boîte

Si vous avez le temps et l'envie, vous pouvez bien sûr décliner cette recette à l'infini et la préparer avec des légumes frais. Voici en tout cas, pour les plus pressés d'entre vous, la version express.

Préparation des omelettes

✦ Confectionner 10 petites omelettes (2 de chaque saveur) dans une poêle antiadhésive de petit format.

✦ Pour chaque omelette, utiliser 3 œufs, 1 cuil. à soupe d'eau et 1 cuil. à soupe d'huile d'olive.

Omelettes aux tomates

✦ Préparer 2 omelettes aux tomates.

✦ Pour chaque omelette, ajouter aux 3 œufs, après l'eau et l'huile, l'équivalent de 2 tomates coupées en petits cubes.

Omelettes aux épinards

✦ Préparer 2 omelettes aux épinards.

✦ Pour chaque omelette, ajouter aux 3 œufs, après l'eau et l'huile, 125 g d'épinards hachés décongelés dans un peu d'eau.

Omelettes aux olives noires

✦ Préparer 2 omelettes aux olives noires.

✦ Pour chaque omelette, ajouter aux 3 œufs, après l'eau et l'huile, 100 g d'olives noires dénoyautés hachées.

Omelettes aux champignons de Paris

✦Préparer 2 omelettes aux champignons.

✦Pour chaque omelette, ajouter aux 3 œufs, après l'eau et l'huile, 125 g de champignons de Paris, en boîte, bien égouttés.

Omelettes aux poivrons rouges

✦Préparer 2 omelettes aux poivrons.

✦Pour chaque omelette, ajouter aux 3 œufs, après l'eau et l'huile, 125 g de poivrons en boîte, bien égouttés.

Montage du gâteau

✦Dans un moule à charlotte, superposer les omelettes en alternant une omelette à la tomate, une aux épinards, une aux olives, une aux champignons, une aux poivrons rouges et en répétant une deuxième fois l'opération.

✦Préchauffer le four à 180 °C (th. 6) pendant 15 min.

✦Placer le moule à charlotte au bain-marie pendant 10 min au four à 150 °C (th. 5).

✦Démouler.

✦Servir frais.

Omelette aux poivrons rouges
250 g de poivrons rouges au naturel

Choix du produit
Cette omelette multicolore est un élément idéal pour un buffet d'été. Elle peut être adaptée en fonction des saisons et des produits dont on dispose.

Variantes
– Vous pouvez remplacer les épinards par de l'**oseille** ou tout autres fines herbes de saison.
– Vous pouvez remplacer l'omelette aux champignons par une omelette au **thon** et aux **câpres**.
– Toutes les variantes sont possibles dès lors que vous recherchez l'harmonie des goûts et des couleurs.

Suggestion de menu

~ Le grand gâteau d'omelette bariolée des vendangeurs
~ Salade verte
~ Pêches rôties au sirop d'érable, 262

Un saint-joseph rouge

Omelette à la tomate fraîche
et aux feuilles de basilic

Pour 6 personnes

Préparation : 20 min
Cuisson :
15 min (coulis)
10 min (omelette)

Ingrédients
12 œufs
3 gousses d'ail
20 feuilles de basilic
1 bouquet de persil plat
1 brin de thym
1 brin de sarriette
4 cuil. à soupe d'huile d'olive

Coulis de tomate
6 belles tomates bien mûres
1 feuille de laurier
2 cuil. à soupe d'huile d'olive

Décor
Olives noires
Feuilles de basilic

Préparation du coulis de tomate

✦ Plonger les tomates 20 s dans une casserole d'eau bouillante. Puis les passer sous l'eau froide, les peler et les couper en deux horizontalement. Ôter les graines, couper la chair des tomates en petits cubes.

✦ Dans une casserole, faire compoter les dés de tomates avec l'huile d'olive et 1 feuille de laurier pendant environ 15 min.

Préparation de l'omelette

✦ Dans un saladier, écraser l'ail à la fourchette et ajouter le persil ciselé et les feuilles de basilic grossièrement hachées. Effeuiller le thym finement et casser les œufs un par un en battant vivement à la fourchette. Saler et poivrer.

✦ Glisser dans ce mélange le coulis de tomate et mélanger à nouveau.

✦ Faire cuire l'omelette dans une poêle avec un fond d'huile d'olive fumante.

✦ Servir chaud ou froid, décoré d'olives noires et de feuilles de basilic.

Le secret de ma mère

Ma mère démarre son omelette en tournant les œufs avec une cuillère en bois, comme pour des œufs brouillés. Quand les œufs ont un aspect crémeux, elle cesse ce mouvement et au bout de 1 ou 2 min, elle retourne l'omelette en se servant d'une grande assiette creuse. Ainsi l'omelette conserve tout son moelleux.

VARIANTE

Omelette au thon. J'ajoute à la fin de la cuisson de l'omelette une boîte de thon blanc germon à l'huile d'olive et je sers l'omelette froide avec une mayonnaise agrémentée de quelques câpres.

Suggestion de menu

~ *Omelette à la tomate fraîche et aux feuilles de basilic*

~ Salade de roquette

~ Tatin aux pommes, romarin et miel caramélisé, 274

🍷 Un coteaux varois rouge (Château la Calisse)

Œufs pochés à la nîmoise

Une autre façon d'apprécier la brandade, avec ces toasts aux œufs pochés qui font un très bon plat unique de dimanche soir.

Pour 6 personnes

Préparation : 30 min
20 min (morue)
12 h à l'avance
Cuisson :
4 min (toasts)
3 min (œufs)

Ingrédients

6 toasts de pain de mie coupés épais
6 œufs très frais
3 cuil. à soupe d'huile d'arachide
Vinaigre d'alcool

Béchamel

200 g de crème fraîche
1 cuil. à soupe de beurre
2 cuil. à soupe de farine
1 jaune d'œuf
1/2 citron (jus)
Sel, poivre du moulin

Brandade

2 filets de morue
1/4 de litre de lait
1 verre d'huile d'olive très parfumée
Poivre du moulin

Les toasts

✦ Couper des toasts épais dans un pain de mie, enlever la croûte et creuser un peu le centre pour laisser de la place aux œufs.

✦ Dans une poêle, faire chauffer l'huile d'arachide et faire dorer les toasts, les égoutter sur un papier absorbant.

Les œufs

✦ Faire bouillir 2 litres d'eau légèrement vinaigrée dans une grande casserole.

✦ Faire pocher les œufs 3 min dans l'eau bouillante.

✦ Les garder au chaud dans de l'eau tiède pour qu'ils ne continuent pas de cuire.

La brandade

✦ Faire dessaler la morue dans de l'eau froide pendant une douzaine d'heures : placer la morue dans une passoire à pieds posée dans un récipient rempli d'eau froide. Changer l'eau à plusieurs reprises. Attention : la passoire ne devra pas toucher le fond du plat où tout le sel va se déposer.

✦ Mettre la morue dans une grande casserole remplie d'eau froide. Poser la casserole sur feu moyen. Dès que l'eau frémit, baisser le feu et compter 20 min.

✦ Passer la chair de la morue au mixeur ou au moulin à légumes, grille fine.

✦ Faire tiédir l'huile et le lait.

✦ Monter la brandade en ajoutant peu à peu le lait et l'huile en alternance.
✦ Plusieurs écoles s'affrontent au sujet de la brandade, certains ajoutent de la pomme de terre en purée, d'autres de l'ail cru, d'autres des truffes... Choisissez votre camp et dégustez à votre guise.

La béchamel
✦ Faire fondre le beurre dans une casserole, ajouter la farine d'un coup puis la crème, à la place du lait, et tourner sans cesse avec une cuillère en bois.
✦ Si la sauce est trop consistante, ajouter un peu d'eau.
✦ Saler et poivrer, casser un jaune d'œuf dans la béchamel et terminer par un trait de jus de citron.

Le montage des toasts
✦ Garnir le creux des toasts de brandade, poser dessus un œuf poché préalablement épongé sur du papier absorbant.
✦ Napper de béchamel très chaude.

Le secret de ma mère
~ Pour réussir ses œufs pochés, ma mère les casse d'abord dans un bol et les fait glisser ensuite avec précaution dans une grande casserole d'eau vinaigrée.
~ Elle utilise une écumoire pendant la cuisson pour maintenir l'œuf bien à plat et obtenir ainsi un œuf poché avec une forme bien régulière.

BON À SAVOIR

~ **Rapide.** Vous pouvez acheter dans une grande surface ou chez un traiteur une brandade toute prête (250 g) que vous ferez alors réchauffer au bain-marie.

~ **Minceur.** Pour une recette allégée, remplacez la crème de la béchamel par du lait écrémé.

Suggestion de menu

~ Salade d'été retour d'Italie, 80

~ *Œufs pochés à la nîmoise*

~ Tarte aux figues tombées, 272

Un bandol blanc ou un cépage viognier (La Blaque)

Les œufs à l'ancienne

Une recette du temps jadis, extraite d'un cahier de recettes de famille jauni par le temps et pourtant très actuelle.

✦Préchauffer le four à 210 °C (th. 7).
✦Laver le bouquet d'herbes et le hacher finement dans un grand saladier ainsi que les câpres et les anchois.
✦Casser 6 œufs et séparer les blancs des jaunes.
✦Monter les blancs en neige ferme.
✦Ajouter les jaunes au mélange herbes-anchois-câpres, saler légèrement car les anchois salent naturellement. Râper un peu de noix muscade. Ajouter le jus du citron. Incorporer alors doucement les blancs d'œufs en soulevant la masse avec délicatesse. Vous obtenez une préparation de type « soufflé ».
✦Huiler un plat à gratin avec l'huile d'olive, verser dessus le soufflé aux herbes.
✦Sur ce soufflé, casser en douceur les 6 œufs entiers, comme pour des œufs au nid. Mettre à four chaud 10 min, jusqu'à ce que les blancs de dessus prennent.
✦Servir très chaud.

Pour 6 personnes

Préparation : 15 min
Cuisson : 10 min

Ingrédients

12 œufs
12 filets d'anchois à l'huile
2 cuil. à soupe de câpres
1 bouquet de persil plat et de ciboule
1 citron (jus)
4 cuil. à soupe d'huile d'olive
Noix muscade
Sel fin

Suggestion de menu

~ *Les œufs à l'ancienne*
~ Salade du Gavot au chèvre, 82
~ Tarte aux figues tombées, 272

Un coteaux d'aix-en-provence (Chateau Revelette)

Tripade d'œufs du tisserand

C'est le plat traditionnel des tisserands que les Provençaux ont emprunté à leurs collègues du Languedoc, un plat rustique qui fera un bon plat unique pour les jours d'hiver.

Pour 6 personnes

Préparation : 40 min
Cuisson : 30 min

Ingrédients
6 œufs entiers
6 jaunes d'œufs
6 belles pommes de terre (bintje)
3 gousses d'ail
1 bouquet de persil plat
6 boudins noirs
3 cuil. à soupe de graisse d'oie ou 6 cuil. à soupe d'huile d'arachide
1 filet de vinaigre de vin rouge

Cuisson des œufs durs

✦ Faire bouillir 2 litres d'eau salée et vinaigrée.
✦ Quand l'eau bout, placer les œufs dans la casserole et compter 10 min de cuisson.
✦ Passer les œufs sous l'eau avant de les écaler.

Cuisson des pommes de terre

✦ Éplucher les pommes de terre et les couper en rondelles épaisses.
✦ Dans une sauteuse ou une poêle, faire chauffer doucement la graisse d'oie ou l'huile.
✦ Éplucher et écraser les gousses d'ail.
✦ Faire dorer les pommes de terre pendant 10 min puis ajouter l'ail, sans le faire roussir, ce qui le rendrait indigeste.
✦ Avant la fin de la cuisson, parsemer les pommes de terre de persil ciselé et d'un petit verre d'eau.

Cuisson des boudins

✦ Sur un gril épais ou dans une poêle, faire cuire les boudins environ 10 min.
✦ Enlever la peau des boudins, répartir la chair sur les pommes de terre déjà cuites.

La tripade

✦ Faire réchauffer ensemble doucement la chair des boudins et les pommes de terre, puis ajouter les œufs durs coupés en rondelles ou en quartiers.

✦ Couvrir et attendre 3 min avant de placer le tout dans un plat chaud.
✦ Mélanger les jaunes d'œufs avec le vinaigre jusqu'à ce qu'ils soient souples. Verser aussitôt sur la tripade brûlante.
✦ Servir avec une salade de pissenlit ou un mesclun.

LE SECRET DE MA MÈRE

Ma mère remplace le verre d'eau dans les pommes de terre par un verre de rosé.

Suggestion de menu

~ *Tripade d'œufs du tisserand*
~ Salade de pissenlit
~ Sorbet au nougat, 279

Un minervois rouge

Œufs en gratin

Un plat unique, pratique pour un repas du soir accompagné d'une belle salade verte, qui se compose au gré des saisons avec toutes les fines herbes du jardin.

Pour 6 personnes

Préparation : 30 min
Cuisson : 10 min

Ingrédients

6 œufs durs
80 g de beaufort ou de comté râpé
4 cuil. à soupe de fines herbes ciselées (cerfeuil, estragon, ciboulette, persil plat, au gré de vos humeurs)
1 cuil. à soupe de vinaigre
1 cuil. à café d'un mélange de sel et de poivre

Béchamel (1 litre)
3 cuil. à soupe de farine
80 g de beurre
3/4 de litre de lait

Duxelle de champignons
350 g de champignons de Paris
15 cl de crème fraîche
10 g de beurre

La béchamel

✦ Dans une casserole à fond épais posée sur feu moyen, faire fondre le beurre et jeter la farine en pluie tout en mélangeant vivement avec une cuillère en bois.
✦ Ajouter progressivement le lait froid et tourner jusqu'à ce que la sauce épaississe, afin d'obtenir la consistance d'une purée liquide.

Préparation des œufs

✦ Dans une grande casserole d'eau bouillante, faire cuire les œufs 10 min.
✦ Les passer sous l'eau froide et les écaler puis les couper en deux dans le sens de la longueur.
✦ À l'aide d'une cuillère à soupe, ôter les jaunes et mettre les blancs de côté.
✦ Réserver 1 cuil. à soupe de jaune et un peu de persil haché pour la décoration.
✦ Écraser les jaunes finement à la fourchette, puis les mélanger avec la sauce béchamel (1 litre) et avec les herbes ciselées, saler et poivrer.
✦ Garnir chaque blanc d'œuf avec 1 cuil. à soupe de ce mélange. Réserver.

La duxelle de champignons

✦ Nettoyer les champignons de Paris en coupant la partie terreuse du pied et en les passant rapidement sous l'eau froide.
✦ Couper les têtes et les pieds en tout petits dés.

✦ Faire chauffer un peu de beurre dans une poêle, jeter les champignons dans la poêle pour les faire revenir, puis ajouter la crème fraîche.

La préparation du gratin

✦ Préchauffer le four à 240 °C (th. 8).

✦ Dans un plat à gratin, étaler d'abord la duxelle de champignons, poser les œufs garnis de leur farce et saupoudrer de fromage râpé.

✦ Faire gratiner 5 min à four chaud.

✦ Décorer avec le persil et le jaune d'œuf réservés à cet effet, avant de servir accompagné d'une salade verte.

Suggestion de menu

~ Salade d'été retour d'Italie, 80
~ *Œufs en gratin* et salade verte
~ Couronne de fruits en gelée de muscat de beaumes-de-venise, 236

Un alsace riesling

Œufs en tripes

Ce plat n'a rien à voir avec les tripes traditionnelles. Ce sont les rondelles d'oignons qui, une fois fondues, ressemblent à des tripes et qui ont donné leur nom à ce plat de ménage, que l'on goûte rarement ailleurs que dans une famille provençale, qui fait un parfait plat du dimanche soir, quand l'envie de cuisiner n'y est plus et que l'on recherche une recette facile, rapide et bonne.

Pour 6 personnes

Préparation : 20 min
Cuisson : 25 min

Ingrédients

6 œufs durs
3 oignons
Bouquet garni (thym, laurier...)
2 cuil. à soupe de beurre
1/2 litre de lait
3 cuil. à soupe d'huile
3 cuil. à soupe de farine
Noix muscade
Sel, poivre du moulin

✦ Dans une grande casserole d'eau bouillante, faire cuire les œufs 10 min.

✦ Couper les oignons en lamelles fines. Mettre le lait à bouillir dans une casserole.

✦ Dans une autre casserole, mettre à chauffer l'huile et le beurre. Y faire fondre les oignons sans leur laisser prendre couleur. Ajouter la farine, le lait bouillant, le bouquet garni, relever d'une pincée de noix muscade râpée, saler, poivrer. Mélanger sans cesse comme pour une béchamel, jusqu'à ce que la sauce épaississe un peu. Laisser mitonner 15 petites minutes.

✦ Écaler les œufs durs et les découper en tranches épaisses, les glisser dans la casserole de « tripes » d'oignons et mélanger délicatement le tout.

Suggestion de menu

~ *Œufs en tripes*
~ Papeton d'aubergines, 190
~ Gâteau à la chapelure, 249

Un jurançon blanc

Les desserts

Couronne de fruits
en gelée de muscat de beaumes-de-venise

Un dessert léger, tout frais, parfait pour les grosses chaleurs, à présenter en couronne, pour qu'il soit aussi beau que bon.

Pour 6 personnes

Préparation : 45 min
Cuisson : 12 min
Repos au frais : 6 h

Ingrédients

1 kg de pêches jaunes et mûres
1 kg d'abricots
700 g de fraises (gariguettes ou mara des bois)
1 citron (jus)
1 bouteille (75 cl) de vin muscat de beaumes-de-venise (ou autre muscat de votre choix)
100 g de sucre en poudre
12 feuilles de gélatine
25 feuilles de menthe

Choix du muscat
Le beaumes-de-venise, c'est le muscat des papes. C'est un vin doux naturel, très parfumé, tiré du cépage muscat blanc, petits grains. C'est dans les années 1940 que Beaumes-de-Venise (dans le

✦ Ébouillanter les pêches avec leur peau quelques secondes, puis les peler.

✦ Les couper en morceaux dans un saladier et mouiller avec le jus du citron.

✦ Ramollir les feuilles de gélatine dans un bol d'eau froide.

✦ Laver les fraises, les équeuter. Laver les abricots et ôter le noyau.

✦ Dans une casserole, faire chauffer le sucre et le muscat pendant environ 10 min, jusqu'à ce que le mélange prenne la consistance d'un sirop.

✦ Pocher les abricots 10 min dans ce sirop, puis les laisser refroidir dans le sirop et égoutter sur un papier absorbant.

✦ Garder le sirop. Y mettre à fondre les feuilles de gélatine égouttées, puis ajouter le jus de macération des pêches.

✦ Dans un moule à baba, verser une couche fine de gelée, laisser prendre 15 min au frais.

✦ Décorer avec les feuilles de menthe, ajouter les fruits en alternant, les pêches, les fraises et les abricots, couvrir avec le restant de la gelée.

✦ Mettre au frais 1 nuit ou au minimum 6 h.

LE SECRET DE MA MÈRE

Ma mère préfère préparer ce plat dans une terrine et elle fait prendre chaque couche de gelée l'une après l'autre pour s'assurer d'une belle présentation finale.

Bon à savoir

Minceur. On peut se contenter de faire de la gelée avec le seul muscat, en supprimant totalement le sucre.

Suggestion de menu

~ Tatin de lapereau et de tapenade, 96
~ Salade verte
~ *Couronne de fruits en gelée de muscat de beaumes-de-venise*

Un tavel rosé

Vaucluse) a relancé une production de muscat, mise à mal en 1870 à cause du phylloxéra. En Provence, comme dans le Languedoc, le muscat est connu depuis des siècles pour l'élaboration des vins de liqueur.

Les fraises de Clara

Le dessert des débutants. Il s'agit d'une recette pour les enfants préparée par ma fille, Clara qui, du haut de ses 7 ans, tenait à marquer ce livre de son empreinte gastronomique.

Pour 6 personnes

Préparation : 15 min
Macération : 2 h

Ingrédients

1 barquette de fraises
10 feuilles de basilic
2 cuil. à soupe de sucre
1 tour de moulin à poivre

Accompagnement
1 litre de glace à la vanille

Choix des fraises
Préférez des gariguettes ou des mara des bois : ces reines des fraises font qu'après leur dégustation, toute autre fraise semble fade.

✦ Couper les fraises en deux et les mettre dans un saladier. Saupoudrer de 2 cuil. à soupe de sucre.
✦ Donner un tour de moulin à poivre sur les fraises, ciseler les feuilles de basilic.
✦ Laisser macérer au frais 2 h au moins.
✦ Servir frais avec une bonne glace à la vanille.

Le secret de ma fille

Ma fille aime décorer ses coupes de glace avec une feuille de basilic et une feuille de menthe.

Suggestion de menu

~ Tartine à la tapenade, 18
~ Blancs de poulet aux pignons, 134
~ *Les fraises de Clara*

Un bordeaux clairet

Fraises en salade au basilic

Encore une transmission de recette amusante : c'est à une amie allemande, Ute, que je dois cette recette faite de fraises et de basilic dont je ne peux plus me passer. Ute l'a découverte dans un magazine allemand, alors qu'elle séjournait en Toscane. La voici adaptée aux couleurs de la Provence, sans doute importée d'Italie, sa proche cousine et voisine.

Le sirop

✦ Faire un sirop avec 30 cl de jus d'orange, le jus du citron et le sucre.

✦ Dans un bol d'eau froide, faire ramollir la gélatine, puis l'égoutter et la faire fondre dans le sirop.

Préparation de la salade de fruits

✦ Couper les fraises et la mangue en lamelles. Réserver.

✦ Ciseler les feuilles de basilic, mélanger aux fruits frais.

✦ Quand le sirop est froid, ajouter le Cointreau.

✦ Recouvrir les fruits de ce sirop et laisser macérer quelques heures.

✦ Au moment de servir, faire blondir les pignons dans une poêle et parsemer les fruits que vous aurez disposés dans de petites coupes individuelles.

Le mélange entre les fruits frais et les pignons tièdes est un enchantement pour le palais.

Pour 6 personnes

Préparation : 15 min
Cuisson : 10 min
Repos au frais : 3 à 4 h

Ingrédients

4 à 5 oranges (pour obtenir 30 cl de jus)
1 citron (jus)
500 g de fraises
400 g de mangue
12 feuilles de basilic
50 g de pignons de pin
30 g de sucre en poudre
4 cuil. à soupe de Cointreau
5 feuilles de gélatine

Suggestion de menu

~ Soupe glacée de melon, 48
~ Boulettes d'agneau des plateaux aux pignons et au citron, 144
~ Riz blanc
~ *Fraises en salade au basilic*

Un côtes du luberon (château de l'Isolette)

Le gâteau rouge d'Hilary
« A year in Provence »

En bonne Anglaise, mon amie Hilary a lu tous les livres de Peter Mayle et est tombée amoureuse de la Provence. Elle a adapté, en hommage à cette région, une recette traditionnelle anglaise qui n'a rien d'un pudding de Noël et qui a déjà conquis des dizaines d'amis tout surpris de connaître les origines de ce délicieux gâteau.

Pour 6 personnes

Préparation : 15 min
Repos au frais : 2 jours

Ingrédients

1 sachet de pain brioché
1 cuil. à soupe de beurre
200 g de sucre en poudre
1 barquette de fraises
1 barquette de framboises
250 g de cerises
200 g de myrtilles
200 g de groseille
200 g de cassis

Accompagnement
25 cl de crème anglaise

Fruits rouges
J'adapte cette recette aux fruits rouges que je trouve sur le marché. Je n'utilise

Le pain brioché

✦Enlever la croûte du pain sur les 4 côtés.

Le gâteau

✦Laver et équeuter les fruits rouges, dénoyauter les cerises.
✦Beurrer un moule à soufflé.
✦Tapisser le moule des tranches de pain brioché.
✦Alterner une couche de fruits rouges entiers (à l'exception des fraises que vous couperez en deux), 3 à 4 cuil. à soupe de sucre en poudre et des tranches de pain brioché, jusqu'à épuisement des stocks.
✦Terminer par une couche de pain brioché.
✦Recouvrir l'ensemble d'un papier sulfurisé.
✦Placer sur le gâteau des poids ou des boîtes de conserve qui vont tasser l'ensemble.
✦Placer au frais pendant 2 jours et, chaque soir, tasser un peu plus l'ensemble du gâteau.
✦C'est la macération des fruits et du sucre qui donnera au gâteau sa belle couleur rouge et son aspect agréablement spongieux.
✦Démouler sur un plat creux et servir accompagné d'une crème anglaise.

que des fruits frais, à l'exception des myrtilles que j'achète surgelées si je n'en trouve pas de fraîches.

Bon à savoir

~ **Rapide.** On peut remplacer les myrtilles fraîches par des myrtilles surgelées mais il ne faut pas en abuser car les fruits surgelés donneront un jus aqueux qui nuit à la saveur du gâteau.

~ **Minceur.** Je remplace la crème anglaise par un yaourt à la grecque.

Suggestion de menu

~ Terrine de thon de toujours, 68

~ Lotte rôtie à l'ail, 162

~ *Le gâteau rouge d'Hilary*

🍷 Un coteaux de pierrevert rosé

Gâteau de pommes
aux oranges confites

Pour 6 personnes

Préparation : 30 min
Cuisson : 4 h
(la veille)
Repos au frais : 1 nuit

Ingrédients

8 pommes (granny-smith)
2 oranges
200 g de sucre en poudre
200 g de sucre en morceaux

La veille

✦ Prélever les zestes des oranges et les émincer en fines lamelles. Dans une casserole d'eau bouillante, les faire blanchir quelques minutes, puis les passer rapidement sous l'eau froide.

✦ Dans une casserole, préparer un sirop avec 100 g de sucre en poudre et 20 cl d'eau. Quand le sirop bouillonne, plonger les zestes d'orange et les laisser confire au moins 5 min.

✦ Égoutter sur du papier absorbant et laisser sécher sur une grille à pâtisserie.

✦ Préchauffer le four à 210 °C (th. 7).

✦ Éplucher et évider les pommes, les émincer en tranches très fines.

✦ Préparer un caramel avec le sucre en morceaux et 10 cl d'eau.

✦ Dans un moule à charlotte, verser le caramel et chemiser le moule, c'est-à-dire napper les bords du moule de caramel liquide.

✦ Remplir le moule avec des tranches de pommes en les faisant se chevaucher, entre chaque couche, parsemer de sucre en poudre et répartir les zestes d'orange.

✦ Continuer à monter le gâteau jusqu'à ce qu'il n'y ait plus de pommes.

✦ Faire cuire le gâteau au bain-marie à 150 °C (th. 5) pendant 4 h. Vérifier le niveau de l'eau aussi souvent que possible.

✦ Laisser tiédir puis mettre au frais pour la nuit.

Le jour même

✦ Démouler le gâteau en le passant sous l'eau chaude, et l'arroser de jus caramélisé avant de servir.

Le secret de ma mère

Ma mère prépare ce gâteau au micro-ondes en moins de 20 min, puissance maximale, et le sert avec un sorbet à la pomme verte.

Bon à savoir

Caramel liquide. Pour se simplifier la vie, on peut utiliser du caramel liquide acheté dans le commerce. Compter environ 10 cl.

Suggestion de menu

~ Salade du Gavot au chèvre, 82

~ Poulet au pastis à l'ancienne, 132

~ *Gâteau de pommes aux oranges confites*

Un côtes du ventoux rosé

Gâteau au citron d'Hyères

Un vrai gros gâteau de goûter d'été, meringué, acidulé, vitaminé et pulpeux comme un fruit, à dévorer par tranches énormes au dessert ou avec du thé glacé quand on a faim de sucre et de fraîcheur.

Pour 6 personnes

Préparation : 20 min
Cuisson : 40 min

Ingrédients

Pâte
300 g de farine
100 g de sucre
200 g de beurre
1 œuf
1 sachet de levure chimique

Crème
200 g de sucre en poudre
75 g de farine
3 jaunes d'œufs
1/2 litre de lait
2 citrons

Meringue
3 blancs d'œufs
2 cuil. à soupe de sucre glace

Le gâteau

✦ Faire une pâte en mélangeant la farine, la levure, le sucre, le beurre en petits morceaux et l'œuf entier.

✦ Étaler cette pâte au rouleau sur une planche de bois farinée et garnir une tourtière à hauts bords largement beurrée.

✦ Préchauffer le four à 180 °C (th. 6).

La crème

✦ Casser les œufs en séparant les blancs et les jaunes, réserver les blancs pour la meringue.

✦ Faire bouillir le lait.

✦ Dans une casserole à fond épais, mélanger en remuant bien, mais sans battre, le sucre, les jaunes d'œufs, la farine et le lait chaud.

✦ Veiller à ce que la crème n'attache pas en ne cessant jamais de remuer avec une cuillère en bois.

✦ Laisser bouillir 2 à 3 min sans cesser de remuer.

✦ Hors du feu, râper sur cette crème le zeste des citrons et ajouter les jus. Mélanger bien encore une fois.

La meringue

✦ Battre les blancs en neige très ferme.

✦ Ajouter le sucre glace.

Montage du gâteau

✦ Sur la pâte déjà étalée, verser la crème et recouvrir de la meringue.

✦Enfourner et cuire 40 min, surveiller la meringue qui ne doit jamais prendre trop de couleur.

Le secret de ma mère

Ma mère ajoute 1/2 pot de confiture de framboises, sur la pâte, dans le fond de sa tourtière, et étale toujours ses pâtes sur un torchon propre et bien fariné, ce qui facilite le transfert vers les moules.

Variante

Gâteau à l'orange d'Hyères. On peut remplacer le citron par de l'orange, dans ce cas, je supprime la meringue.

Suggestion de menu

~ Soupe glacée de melon, 48
~ Agneau grillé
~ Ratatouille aux tomates confites, 194
~ *Gâteau au citron d'Hyères*

Un corbières rouge ou un côtes de provence rosé

Soufflé au pain à la fleur d'oranger

Quelle émotion de retrouver un jour, au fond d'un tiroir, une petite feuille manuscrite, datée de 1905, de la lire et de découvrir ainsi une douce recette de grand-mère, une vraie, encore et toujours d'actualité, recopiée par mon arrière-grand-mère pour l'une de ses filles.

Pour 6 personnes

Préparation : 10 min
Cuisson : 30 min

Ingrédients
1 verre de lait
3 œufs
1/4 de pain rassis
3 cuil. à soupe de sucre en poudre
1 cuil. à soupe d'eau de fleur d'oranger ou un peu d'extrait de vanille

Caramel
10 morceaux de sucre
1 cuil. à soupe d'eau

Accompagnement
25 cl de crème anglaise

La panade

✦ Faire tremper le pain rassis coupé en tranches dans le lait que l'on aura porté au préalable à ébullition.
✦ Faire mijoter la panade sur le feu jusqu'à ce que le mélange ait pris une apparence de bouillie.
✦ Préchauffer le four à 210 °C (th. 7).
✦ Sucrer la panade, ajouter 1 cuil. à soupe d'eau de fleur d'oranger ou un peu d'extrait de vanille.
✦ Casser les œufs en séparant les blancs et les jaunes.
✦ Ajouter les jaunes au pain détrempé.
✦ Monter les blancs en neige.
✦ Incorporer délicatement au mélange pain et jaunes d'œufs.

Le caramel

✦ Dans une casserole à fond épais, faire un caramel avec les morceaux de sucre et 1 cuil. à soupe d'eau.
✦ Attendre que le caramel ait blondi, en touillant avec une cuillère en bois.

Finition

✦ Chemiser un moule à soufflé de caramel, c'est-à-dire le napper (fond et parois).
✦ Verser le mélange dans le moule et passer au four 30 min.
✦ Servir tiède avec une crème anglaise (recette p. 270).

Le secret de ma mère

Ma mère préfère servir ce soufflé avec une compote de pommes un peu acide à laquelle elle ajoute 1 ou 2 coings et une boule de glace à la vanille.

Suggestion de menu

~ La tapenade de maman, 16
~ Crudités variées
~ Congre en raïto, 176
~ *Soufflé au pain à la fleur d'oranger*

Un bandol blanc

Gâteau à l'orange

Un gâteau de toujours, qui a rythmé mes anniversaires, préparée par ma Corse favorite, il reste mon préféré, rapide, moelleux, facile à réaliser, il est un bon apprentissage pour des enfants pâtissiers, si vous les aidez à monter les blancs d'œufs en neige. Nos amis corses ne m'en voudront pas, je l'espère, de revisiter ainsi la géographie.

Pour 6 personnes

Préparation : 20 min
Cuisson : 30 à 35 min

Ingrédients

2 oranges
110 g de farine
1 sachet de levure chimique
200 g de sucre en poudre
2 œufs
60 g de beurre ramolli (+ 10 g pour le moule)
2 cuil. à soupe de rhum ambré
1 pincée de sel

Bon à savoir
Ce gâteau est excellent préparé la veille. Et il se conserve plusieurs jours au réfrigérateur.

✦ Préchauffer le four à 150-180 °C (th. 5-6).
✦ Casser les œufs en séparant les blancs des jaunes.
✦ Dans un saladier, mélanger les jaunes d'œufs et 100 g de sucre pour obtenir un mélange bien blanc. Puis ajouter dans l'ordre le zeste des 2 oranges, le jus de 1 orange, le beurre ramolli (mais pas fondu), la farine, la levure et 1 cuil. à soupe de rhum. Bien travailler le tout. Vous pouvez vous servir d'un robot ménager car plus la pâte est blanche, meilleur sera le gâteau.
✦ Monter les blancs en neige très ferme avec 1 pincée de sel.
✦ Incorporer les blancs au mélange, sans les briser, en vous servant d'une spatule.
✦ Beurrer un moule à manqué, verser la pâte dedans et mettre au four pour 30 à 35 min.
✦ Pendant la cuisson du gâteau, préparer un sirop léger en faisant bouillir le jus de 1 orange et 100 g de sucre. Ajouter 1 cuil. à soupe de rhum.
✦ Quand le gâteau est cuit, le démouler sans attendre et l'arroser du sirop encore chaud.

Suggestion de menu

~ Tartine à la tapenade, 18
~ Lotte au fenouil, 164
~ *Gâteau à l'orange*

🍷 Un côtes de provence rosé

Gâteau à la chapelure

Un vieux tiroir, un papier qu'on déplie et le plaisir de retrouver une écriture familière et quelques conseils de réalisation... C'est ainsi que j'ai découvert récemment cette recette à l'ancienne.

Première étape

✦ Mélanger les jaunes d'œufs, le sucre et la chapelure. Laisser reposer 3 h.

Deuxième étape

✦ Préchauffer le four à 180 °C (th. 6). Beurrer un moule à manqué.

✦ Monter les blancs en neige très ferme. Les ajouter à la pâte, bien mélanger, verser dans le moule et cuire au four au bain-marie pendant 45 min.

Sirop

✦ Faire un sirop avec le sucre et 3 cuil. à soupe d'eau.

✦ Parfumer au rhum ou au kirsch.

✦ Imbiber le gâteau encore tiède.

LE SECRET DE MA MÈRE

Ma mère sert ce gâteau avec un peu de confiture de figues (recette p. 290).

Suggestion de menu

~ Salade de fenouil cru au pastis, 84
~ Thon rouge à la provençale, 182
~ *Gâteau à la chapelure*

Un cassis blanc

Pour 6 personnes

Préparation : 15 min
Repos de la pâte : 3 h
Cuisson : 45 min

Ingrédients

3 œufs
10 g de beurre (pour le moule)
3 cuil. à soupe de sucre en poudre
5 cuil. à soupe de chapelure

Sirop

4 cuil. à soupe de sucre en poudre
2 cuil. à soupe de rhum ambré ou de kirsch

Rapide

Vous pouvez passer le gâteau au four, sans laisser reposer la pâte, il sera juste un peu moins léger.

Blanc-manger de Cosa à la purée d'amandes

Le blanc-manger est une recette qui remonte au Moyen Âge, on retrouve aussi sa trace aux Antilles où il est souvent préparé avec de la noix de coco, c'est un entremets léger qui se fait en toutes saisons. Depuis que j'ai découvert la purée d'amandes, je le fais « en 3 tours de main » en de mutiples occasions. La recette initiale est beaucoup plus longue à réaliser car il faut utiliser des amandes mondées macérées toute une nuit dans du lait, ce qu'a la patience de faire mon amie Cosabeth qui m'a fait découvrir ce délicieux dessert.

Pour 6 personnes

Préparation : 20 min
Réfrigération : 5 à 6 h

Ingrédients

200 g de purée d'amandes
300 g de sucre en poudre
1/2 litre de crème fleurette
5 feuilles de gélatine
Quelques gouttes d'extrait d'amandes amères
Un peu d'huile pour le moule

La purée d'amandes
La purée d'amandes se trouve soit dans les rayons bio des hypermarchés, soit dans les boutiques diététiques. Si vous n'en trouvez pas, vous pouvez utiliser 1 litre de lait d'amande non sucré.

✦ Dans un bol d'eau froide, faire ramollir les feuilles de gélatine.
✦ Dans une casserole, délayer la purée d'amandes à l'eau chaude, 1 litre d'eau donnera 1 litre de lait d'amande.
✦ Égoutter les feuilles de gélatine ramollies et les faire fondre dans le lait d'amande, puis ajouter le sucre en poudre et enfin l'extrait d'amandes amères.
✦ Monter la crème fleurette en chantilly à l'aide d'un batteur électrique.
✦ Mélanger très délicatement le lait d'amande et la crème chantilly en évitant les grumeaux.
✦ Huiler légèrement un moule à flan en plastique (Tupperware) ou un moule à savarin.
✦ Verser le mélange à base d'amandes et le placer au frais quelques heures.
✦ Au moment de servir, démouler sur un plat rond et plat et verser un coulis de votre choix (fruits rouges ou coulis d'abricot). Si le blanc-manger a la forme d'un savarin, on versera le coulis au centre.

Le secret de ma mère

Selon les saisons, ma mère présente son blanc-manger avec des fruits frais, poires pochées, fraises des bois, framboises ou myrtilles...

Bon à savoir

Rapide. Il existe de délicieux coulis surgelés qui ne nécessite quasiment pas de temps de décongélation.

Suggestion de menu

~ Soupe de moules aux ravioles de Romans, 32
~ Petits farcis en farandole, 186
~ *Blanc-manger de Cosa à la purée d'amandes*

🍷 Un côtes de provence rosé
ou un vin de pays de petit cru rosé (Caves de Noves)

Crème brûlée aux calissons

Une recette qui renouvelle un peu la traditionnelle crème brûlée et met en valeur ce joyau de la confiserie provençale : le calisson. Ce mélange de pâte d'amandes et de melon confit, en forme de losange, est une spécialité aixoise depuis le XVe siècle.

Pour 6 personnes

Préparation : 15 min
Cuisson : 1 h
Repos au frais : 4 h

Ingrédients

8 jaunes d'œufs
1 litre de crème fleurette
1 grosse cuil. à soupe de miel
12 calissons d'Aix
6 cuil. à soupe de cassonade

Choix des calissons
Il subsiste à Aix 8 producteurs de calissons. On trouve aujourd'hui des calissons dans beaucoup de pâtisseries et dans les grandes surfaces. Les meilleurs que l'on puisse trouver en magasins sont les Calissons du Roi René.

✦ Fouetter les jaunes d'œufs avec le miel, ajouter peu à peu la crème fleurette en continuant de fouetter vivement.
✦ Préchauffer le four à 150-180 °C (th. 5-6).
✦ Au fond de chaque ramequin, déposer 2 calissons grossièrement écrasés.
✦ Répartir la crème dans les ramequins.
✦ Placer les ramequins dans une plaque allant au four avec de l'eau pour les cuire au bain-marie (les ramequins doivent baigner dans l'eau jusqu'aux deux tiers).
✦ Surveiller la cuisson qui doit durer 1 h.
✦ Laisser refroidir les crèmes et les entreposer 4 h au réfrigérateur.
✦ 20 min avant de servir, préchauffer le gril du four.
✦ Saupoudrer les crèmes de cassonade et passer les ramequins quelques minutes sous le gril du four. Déguster froid.

Le secret de ma mère

~ Pour éviter les éclaboussures, elle place une feuille de papier sulfurisé ou de journal au fond du bain-marie et pose ses ramequins dessus.
~ À leur sortie du four, elle recouvre les ramequins de papier aluminium et les laisse refroidir dans une pièce fraîche.

BON À SAVOIR

Si l'on en a un, on peut bien sûr utiliser un fer à crème brûlée plutôt que le gril du four.

Suggestion de menu

~ La soupe au pistou de Nène, 42

~ *Crème brûlée aux calissons*

Un châteauneuf-du-pape rouge

Mousse d'abricot

L'abricot est le roi de l'été, il fait plier les abricotiers dans les jardins et colore les étals des marchés. La Provence fournit 20 % de la production française. Les abricots sont cultivés depuis le milieu du XVIe siècle en Provence et viennent sans doute de Chine. Fruit splendide, doux au toucher, le plus recherché pour la fabrication des fruits confits ou des confitures a longtemps été le poman rosé, devenu aujourd'hui un fruit rare, cultivé par les amateurs et toujours très apprécié des gourmets.

Pour 6 personnes

Préparation : 20 min
Cuisson : 5 min
Repos au congélateur : 2 h

Ingrédients

1 kg d'abricots frais
420 g de sucre en poudre
50 cl de crème fleurette
2 cuil. à soupe d'alcool d'abricot ou d'eau-de-vie

Choix du produit
Le poman rosé aura votre préférence si vous arrivez à en trouver sur les marchés ou dans des jardins amis. Sinon, fiez-vous à votre instinct et n'hésitez pas à goûter la variété choisie pour éviter les espèces filandreuses.

✦ Faire bouillir le sucre et 1/2 litre d'eau dans une casserole, ajouter les abricots lavés et dénoyautés.
✦ Laisser cuire 5 min et refroidir dans un plat en porcelaine bien frais.
✦ Monter la crème au mixeur jusqu'à obtenir une chantilly légère. Réserver au frais.
✦ Mixer ensuite les abricots avec 1/4 de litre de sirop, ajouter la crème fouettée et l'alcool.
✦ Faire glacer 2 h avant de servir.

Le secret de ma mère

Ma mère sert ce dessert avec de fines tranches de pommes crues ou quelques biscuits secs type macarons.

Suggestion de menu

~ Pâtes en salade aux olives, thon et tomates, 210
~ *Mousse d'abricot*

Un côtes de provence rosé ou un patrimonio rosé

Bavarois aux abricots secs

Le bavarois

✦Dans 1 litre d'eau bouillante, laisser gonfler les abricots secs 15 min.

✦Préparer une crème anglaise en suivant la recette p. 270.

✦Dans un bol d'eau froide, faire ramollir les feuilles de gélatine. Puis les égoutter et les ajouter à la crème anglaise encore tiède et tourner pour bien les faire fondre.

✦Quand la crème anglaise est bien froide, ajouter la crème fraîche que vous aurez fouettée au mixeur ou au fouet quelques minutes ainsi que les abricots égouttés découpés en petits dés.

✦Couper les petits biscuits roulés en fines rondelles, les imbiber de liqueur et tapisser un moule à charlotte de rondelles de biscuits.

✦Verser dessus la préparation aux abricots et terminer en couvrant par une couche de biscuits.

✦Recouvrir d'aluminium et laisser au frais toute la nuit.

Le coulis de framboise

✦Passer au mixeur les framboises dégelées, le sucre et le jus du citron. Vous pouvez utiliser des coulis tout prêts surgelés, au cassis, à la framboise ou même à l'abricot.

✦Servir le bavarois démoulé avec le coulis bien frais à part.

Pour 6 personnes

Préparation : 30 min
Cuisson : 20 min
Repos au frais : 1 nuit

Ingrédients

- 2 paquets de petits biscuits roulés à l'abricot
- 4 feuilles de gélatine
- 250 g de crème fleurette
- 100 g d'abricots secs
- 5 cl de liqueur de framboises ou d'abricots

Crème anglaise

- 1/2 litre de lait
- 4 jaunes d'œufs
- 75 g de sucre en poudre
- 1 gousse de vanille

Coulis de framboise

- 250 g de framboises surgelées
- 1 citron (jus)
- 150 g de sucre en poudre

Suggestion de menu

~ Gigot d'agneau
~ Tian de tomates et courgettes, 192
~ *Bavarois aux abricots secs*

🍷 Un côtes du Roussillon

Faux soufflé aux abricots

Un dessert chaud donnera une touche finale raffinée à votre dîner. Même s'il vous prive quelques instants de vos invités, le jeu en vaut toujours la chandelle. Pour sophistiquer encore cette préparation, prévoyez des moules à soufflé individuels et rectifiez légèrement le temps de cuisson.

Pour 6 personnes

Préparation : 20 min
Cuisson : 15 à 20 min

Ingrédients

1 kg d'abricots
3 cuil. à soupe de farine
1 sachet de sucre vanillé
Un peu de sucre glace
600 g de sucre en poudre
150 g de beurre + 20 g (pour le moule)
5 jaunes d'œufs
6 blancs d'œufs

Sirop

500 g de sucre
1/2 litre d'eau

À l'avance (si cela vous facilite la tâche)

✦ Dénoyauter les abricots après les avoir passés sous l'eau.
✦ Dans une casserole, préparer un sirop avec le sucre et l'eau.
✦ Faire pocher les fruits 10 min environ dans le sirop, si les abricots paraissent encore trop durs, prolonger la cuisson.
✦ Laisser refroidir.
✦ Dans une autre casserole, faire fondre 10 g de beurre, ajouter progressivement la farine, puis le sirop de cuisson des fruits, tourner jusqu'à obtenir une sauce épaisse.
✦ Hors du feu, ajouter les jaunes d'œufs, le sucre vanillé et le reste du beurre.
✦ Tout cela peut être préparé largement à l'avance.

Au dernier moment

✦ Préchauffer le four à 210 °C (th. 7).
✦ Monter les blancs en neige ferme.
✦ Incorporer les blancs au mélange préparé précédemment puis ajouter les médaillons d'abricots.
✦ Beurrer un moule à soufflé, verser la préparation, saupoudrer de sucre glace et enfourner 15 à 20 min en surveillant la couleur (10 à 15 min pour les soufflés individuels).

Variantes

~ ***Faux soufflé aux poires.*** Même préparation avec 1,3 kg de fruits. Couper le fond des poires avant de les faire pocher.

Déposer les fruits au fond du moule, bien stables, avant de verser la préparation dessus. Laisser la queue qui pointera hors du soufflé.

~ ***Faux soufflé aux cerises.*** Même préparation, dénoyauter les cerises, même proportion que pour les abricots.

Suggestion de menu

~ Soupe aux 3 poivrons, 50
~ Papeton d'aubergines, 190
~ Tranches de thon grillées
~ *Faux soufflé aux abricots*

Un côtes du luberon rouge

Flan au potiron

Un délice sucré pour oublier l'hiver

Le potiron a refait une entrée fracassante sur nos marchés ces dernières années, grâce notamment à la fête d'Halloween. Hormis ses vertus décoratives, le potiron se déguste salé ou sucré au gré de votre humeur et de votre imagination. Outre-Atlantique, on trouve même de la purée de potiron, neutre, qui sert de base à maintes tartes ou gâteaux qui réchauffent l'hiver. En Provence, potirons, potimarrons et autres cucurbitacées poussent comme de la mauvaise graine dans les jardins et autorisent donc toutes les fantaisies culinaires.

Pour 6 personnes

Préparation : 30 min
Cuisson : 50 min

Ingrédients

1 petit potiron ou la moitié d'un gros potiron
2 boîtes de lait concentré sucré
1 cuil. à café de cannelle en poudre
1 cuil. à soupe de sucre en poudre
1 trait d'extrait d'amandes amères
4 œufs entiers

Caramel
12 morceaux de sucre
4 cuil. à soupe d'eau

✦ Préchauffer le four à 180 °C (th. 6).

La purée de potiron

✦ Découper le potiron en gros cubes en prenant soin d'ôter la peau et les graines, c'est la partie la plus longue de cette préparation car la peau du potiron est dure et demande quelques efforts et un bon couteau.

✦ Dans un autocuiseur, placer le potiron, 1/3 de litre d'eau et 1 cuil. à soupe de sucre en poudre.

✦ Une fois l'autocuiseur sous pression, compter 15 min de cuisson.

✦ Égoutter les cubes de potiron et les passer au mixeur ou au presse-purée pour obtenir une purée épaisse.

Le caramel

✦ Dans une casserole à fond épais, placer les morceaux de sucre et l'eau.

✦ Faire chauffer doucement le mélange eau et sucre sans cesser de touiller avec une cuillère en bois jusqu'à ce que le caramel blondisse.

Le flan

✦Dans un grand saladier, mélanger le lait concentré sucré avec son équivalent en volume d'eau.

✦Dans un bol, battre les œufs entiers en omelette.

✦Mélanger les œufs au lait, ajouter la cuillerée de cannelle, l'extrait d'amandes amères et la purée de potiron.

✦Utiliser pour la cuisson du flan un moule en Pyrex type moule à soufflé ou un moule à flan en inox.

✦Dans le fond du moule, verser le caramel puis le mélange lait, œufs et purée de potiron.

✦Placer l'ensemble dans un bain-marie, idéalement, un grand plat à gratin rempli d'eau.

✦Cuire 50 min à four doux (180 °C, th. 6), vérifier la cuisson en enfonçant une lame de couteau dans le flan qui ne doit de toute façon pas être trop solide.

✦Laisser refroidir, servir frais sans démouler.

VARIANTE

Tian au rhum. Si on enlève la purée de potiron et qu'on ajoute au flan 2 à 3 cuil. à soupe de rhum, on obtient un délicieux tian au lait en le faisant cuire dans ce fameux récipient en terre cuite, cher aux Provençaux.

Suggestion de menu

~ Soupe glacée de concombre à la menthe, 46

~ Morue fraîche et légumes sautés au soja

~ *Flan au potiron*

Un côtes de provence rouge

Charlotte aux poires
et au pain d'épices

Le poirier du jardin a dû être arraché il y a quelques années car les fourmis l'avaient dévoré de l'intérieur. Depuis, nous devons nous contenter d'acheter nos poires au marché. Pendant longtemps, avec les cerises du jardin, les poires ont constitué les délices de nos desserts d'enfants. Cette recette en est une lointaine réminiscence.

Pour 6 personnes

Préparation : 30 min
Cuisson : 6 min
Repos au frais : 2 h minimum

Ingrédients

Poires
400 g de poires (comices)
30 g de beurre
50 g de miel de lavande
1 pincée de cannelle
1 citron (jus)
3 feuilles de gélatine

Charlotte
200 g de pain d'épices
100 g de chutes de pain d'épices
40 g de beurre
40 g de sucre en poudre

Sirop
50 g de sucre
15 g d'eau

Préparation des poires

✦ Commencer par éplucher les poires et par les tailler en cubes de 1 cm de côté.

✦ Faire tremper la gélatine dans un bol d'eau froide.

✦ Dans une poêle, faire blondir le beurre et le miel sous haute surveillance, y ajouter délicatement les dés de poires, le tout prend 5 à 6 min. Saupoudrer de cannelle en fin de cuisson. Déglacer le caramel avec un jus de citron pour le détendre. Réserver.

✦ Chauffer un fond d'eau dans une casserole et faire dissoudre la gélatine ramollie par son séjour dans l'eau froide et égouttée.

✦ Incorporer ce mélange aux poires et laisser refroidir.

Montage de la charlotte

✦ Détailler le pain d'épices en tranches de 1 cm d'épaisseur.

✦ Dans une poêle, faire caraméliser les chutes de pain d'épices dans 40 g de beurre et 40 g de sucre. Puis les émietter et les laisser refroidir étalées sur une plaque en marbre ou en plastique.

✦ Dans une casserole, préparer un sirop avec l'eau et le sucre. Quand le sirop est épais, ajouter l'eau-de-vie. Cette opération dure environ 10 min, le feu doit être doux et le sirop ne doit jamais prendre de couleur.

✦ Imbiber les tranches de pain d'épices avec ce sirop et garnir

5 cl d'eau-de-vie de poire

Crème chantilly
30 cl de crème fleurette
50 g de sucre en poudre

l'ensemble du moule à charlotte avec le pain d'épices : on dit qu'on chemise le moule.

Préparation de la crème chantilly

✦ Sortir la crème au dernier moment du réfrigérateur et utiliser un saladier ou un bol à hauts bords.

✦ Monter la crème fleurette en chantilly à l'aide d'un batteur électrique. Sucrer, battre à nouveau.

✦ Quand la crème est ferme, y incorporer les dés de poires et les pépites de pain d'épices qui refroidissaient sur la plaque.

✦ Garnir le moule de ce mélange, terminer par quelques belles tranches de pain d'épices.

✦ Recouvrir d'un film étirable et placer au frais au moins 2 h.

Le secret de ma mère

Ma mère sert cette charlotte avec un coulis de fruits rouges ou, selon son humeur, une crème anglaise maison (recette p. 255).

Bon à savoir

Minceur. On peut remplacer la crème fouettée par un fromage blanc à 0 % et remplacer le coulis de fruits rouges par des fruits frais, poires et framboises par exemple.

Suggestion de menu

~ Salade de poivrons confits aux anchois, 23
~ La Madelon de Tatette, 158
~ *Charlotte aux poires et au pain d'épices*

Un saint-joseph blanc

Pêches rôties au sirop d'érable

Un cocktail provenço-québecois

Découvert au Québec, où nous avons eu la chance d'habiter deux ans, le sirop d'érable fait désormais partie de nos habitudes alimentaires et, comme le miel, qu'il remplace en certaines circonstances, il se marie sans limite aux fruits, aux yaourts, au fromage blanc, aux framboises fraîches... Essayez ce dessert de pêches rôties au four, la touche finale ne laissera pas vos amis insensibles !

Pour 6 personnes

Préparation : 10 min
Cuisson : 20 min

Ingrédients

6 pêches
1 citron (jus)
3 feuilles de laurier
1 gousse de vanille
4 cuil. à soupe de sirop d'érable
10 cl de cognac

Le sirop d'érable
Il est désormais vendu dans de nombreux super et hypermarchés, en flacon de verre ou, comme au Québec, « en can », sorte de boîte de conserve en métal. Ouvert, il vaut mieux le garder au réfrigérateur.

Sauce au cognac

✦ Préchauffer le four à 180 °C (th. 6).
✦ Laver le citron à l'eau chaude puis prélever le zeste avec une râpe fine.
✦ Dans un bol, fouetter ensemble le sirop d'érable, 1 cuil. à soupe de jus de citron et le cognac.
✦ Fendre la gousse de vanille dans la longueur, gratter les graines de l'intérieur et les ajouter à la sauce au cognac.

Les pêches

✦ Peler les pêches et les poser dans un plat allant au four, genre plat à gratin.
✦ Glisser dans le plat les feuilles de laurier et la gousse de vanille fendue. Recouvrir le plat d'un papier aluminium.
✦ Mettre au four d'abord avec l'alu pendant 10 à 15 min, puis ôter l'alu et laisser caraméliser 5 min.
✦ Servir tiède, dans le plat de cuisson, avec une boule de glace à la cannelle ou à la vanille.

Le secret de ma mère

Ma mère remplace le sirop d'érable par du miel de lavande liquide.

Variante

Figues rôties au sirop d'érable. Remplacer les pêches par de belles figues noires que l'on aura pris soin de rincer et d'inciser en croix sur le dessus. Servir avec une glace au pain d'épices.

Suggestion de menu

~ Lapin en terrine de Jeannot, 98

~ Salade du Gavot au chèvre, 82

~ Pêches rôties au sirop d'érable

Un côtes de provence rosé fruité (Caves de la Madeleine)

Soupe de clémentines aux épices

La soupe traditionnelle en Provence, c'est la soupe au pistou qui devient un repas complet et surtout une vraie fête pour les papilles. Chaude, froide, réchauffée, elle est le plat indispensable pour marquer l'arrivée de la tribu pour les vacances d'été ou le passage d'amis très chers dans la maison. Cependant, cette soupe ne doit pas nous faire oublier toutes les autres... Nous apprécions dans la famille, et notamment l'été, les soupes froides ou tièdes comme celle-ci et nous expérimentons toutes sortes de mélanges à base de produits régionaux comme le miel, le laurier... associés ici à des clémentines très épicées... Entrée ou dessert, à vous de choisir... Âmes sensibles, s'abstenir !

Pour 6 personnes

Préparation : 15 min
Cuisson : 20 min

Ingrédients

12 clémentines
150 g de miel toutes fleurs
150 g de sucre en poudre
30 g de gingembre frais
3 feuilles de laurier
1 pincée de safran
1 étoile de badiane (anis étoilé)

Préparation des clémentines

✦ Laver les clémentines et les brosser énergiquement sous l'eau chaude avec une brosse à légume ou une éponge neuve. Bien les essuyer dans du papier absorbant.

✦ Entailler leur peau en croix au niveau du pédoncule en faisant bien attention de ne pas atteindre leur chair.

✦ Les placer dans une casserole, napper de sucre et de miel.

✦ Éplucher le gingembre et le couper en bâtonnets.

✦ Ajouter les bâtonnets aux clémentines et mouiller avec 2 verres d'eau.

✦ Porter à ébullition, ajouter la badiane.

✦ Retourner les clémentines au cours de la cuisson qui durera 10 à 15 min.

✦ Hors du feu, ajouter le safran et les feuilles de laurier. Laisser tiédir.

✦ Servir les clémentines nappées avec le jus de cuisson.

Le secret de ma mère

Elle préfère laisser refroidir les clémentines quelques heures et faire tiédir le jus de cuisson, ce qui donne un chaud/froid très réussi.

Bon à savoir

Selon notre humeur, nous savourons cette soupe en entrée ou en dessert.

Suggestion de menu

~ *Soupe de clémentines aux épices*

~ Pigeonneaux au miel et aux oignons glacés, 106

~ Crème brûlée aux calissons, 252

Un coteaux du languedoc (Picpoul de Pinet)

Soupe de cerises

Nous avons arraché récemment le cerisier de notre jardin, devenu sec et stérile, et c'est à regret que nous avons dû renoncer à ces cerises charnues et goûteuses qui ont marqué mon enfance. Certaines années, je me souviens même que ma grand-mère nous en envoyait à Paris, par la Poste. C'était toujours une joie de les manger même si la longueur du transport les avaient parfois abîmées. Comme elles n'avaient pas toujours fière allure après ces trois jours de voyage, nous les transformions en soupe que nous accompagnions d'une glace à la verveine, lorsque nous trouvions de la verveine fraîche sur le marché.

Pour 6 personnes

Préparation : 20 min
Repos au frais : 30 min
Cuisson : 10 min

Ingrédients

2 kg de cerises (burlat)
1/2 citron (jus)
120 g de sucre en poudre
30 cl de crème de cassis

✦ Laver et sécher les cerises. Enlever le noyau, soit à l'aide d'un dénoyauteur, soit avec un petit couteau fin.
✦ Se placer pour cela au-dessus d'un saladier pour ne pas perdre une goutte de ce précieux jus.
✦ Dans le saladier, mélanger les cerises et leur jus avec le sucre et le jus du 1/2 citron. Mettre 30 min au frais.
✦ À la sortie du réfrigérateur, égoutter les fruits avec une passoire au-dessus d'une casserole et recueillir le jus.
✦ Porter le contenu de la casserole à ébullition, laisser réduire jusqu'à l'obtention d'un sirop et stopper la cuisson.
✦ Dès que le mélange est devenu tiède, le verser sur les cerises et laisser macérer au réfrigérateur.
✦ Au moment de servir, arroser la soupe avec la crème de cassis.
✦ Servir avec une glace à la vanille ou à la verveine.

Le secret de ma mère

Quand elle n'a pas de verveine fraîche, elle utilise quelques feuilles de verveine sèche qu'elle fait infuser dans le sirop encore chaud et dont elle décore sa glace à la vanille.

Bon à savoir

– Vos mains seront tachées de rouge, ne prévoyez pas une soi-

rée mondaine mais plutôt un repas entre copains... Le jus part au savon et à la brosse à ongles mais a une pernicieuse tendance à tacher fort... Prudence, mettez un grand tablier.
~ **Minceur.** Vous pouvez aisément remplacer le sucre par de l'édulcorant et vous obtiendrez un dessert allégé.

Suggestion de menu

~ Beignets de fleurs de courgette, 88
~ Jeune lapin de garenne à la provençale, 122
~ *Soupe de cerises*

Un coteaux du tricastin rouge

Soupe de raisins
au muscat de beaumes-de-venise

Beaumes-de-Venise est un village situé au pied du mont Ventoux, et une appellation d'un vin magnifique et d'un muscat rare, le muscat de beaumes-de-venise. Compagnon de nos étés, ce muscat que l'on sert frappé rentre aussi dans la composition de plusieurs desserts. Il s'harmonise notamment très bien avec le raisin muscat d'où il est tiré.

Pour 6 personnes

Préparation : 10 min
Cuisson : 3 min
Réfrigération : 3 à 5 h

Ingrédients

800 g de raisin muscat
3/4 de litre de muscat de beaumes-de-venise (ou tout autre muscat)
6 tranches de pain d'épices

Le muscat
La qualité du muscat est importante pour la réussite de cette soupe. Choisissez un bon muscat et si vous ne trouvez pas de beaumes-de-venise, orientez-vous vers un muscat de lunel par exemple.

✦ Laver le raisin avec soin, l'essuyer avec du papier absorbant et couper les grains en deux dans le sens de la longueur. Placer les grains dans un saladier large et évasé.

✦ Dans une casserole, faire chauffer le muscat, puis ébouillanter les raisins avec.

✦ Laisser refroidir puis placer le saladier au réfrigérateur. Lorsque ce mélange est bien rafraîchi, répartir les grains au mieux dans de belles coupes transparentes (coupes à champagne par exemple) qui mettront en valeur sa belle couleur.

✦ Faire passer le pain d'épices au grille-pain ou au four quelques minutes si vous n'avez pas de grille-pain. Le couper en petits cubes ou, encore mieux, le découper à l'emporte-pièce en faisant de jolies formes de cœur ou d'étoile.

✦ Servir cette soupe glacée accompagnée de ces toasts tout chauds. Là encore, ce contraste chaud-froid exhalera encore plus la saveur du muscat.

Suggestion de menu

~ Soupe glacée de concombre à la menthe, 46
~ Travers de porc au miel et aux pêches, 112
~ *Soupe de raisins au muscat de beaumes-de-venise*

Un côtes du ventoux blanc
Un muscat de beaumes-de-venise au dessert

Figues rôties au laurier

✦ Préchauffer le gril du four.

✦ Dans un plat à gratin, serrer les 12 figues ou plus, les unes contre les autres, en faisant juste une incision sur le dessus des fruits.

✦ Recouvrir de feuilles de laurier, de cannelle, de miel et d'huile d'olive.

✦ Passer au gril moins de 10 min, four porte ouverte.

✦ Déguster brûlant avec une glace au miel ou à la vanille.

Pour 6 personnes

Préparation : 10 min
Cuisson : 10 min

Ingrédients

12 figues
4 feuilles de laurier
4 cuil. à soupe de miel épais
4 cuil. à soupe d'huile d'olive
1 pincée de cannelle

Accompagnement
Glace au miel ou à la vanille

Suggestion de menu

~ Salade de fromage à l'ail, 86
~ Ratatouille aux tomates confites, 194
~ *Figues rôties au laurier*

Un collioures rouge

Gâteau de figues séchées

Curieusement, c'est en Alsace que j'ai dégusté mon premier gâteau de figues séchées. Même si la recette n'est pas si rigoureusement la même, les épices y étant beaucoup plus présentes, la variante alsacienne fait les délices de mon beau-père. Il ne m'en voudra pas d'essayer à mon tour la version provençale de cette douce pâtisserie.

Pour 6 personnes

Préparation : 20 min
Cuisson : 35 min

Ingrédients

125 g de figues sèches, bien moelleuses
125 g de noisettes décortiquées ou de cerneaux de noix ou d'amandes
2 sachets de sucre vanillé
100 g de sucre en poudre
4 blancs d'œufs
20 g de beurre (pour le moule)
1 pincée de sel

Crème anglaise

1/2 litre de lait
4 jaunes d'œufs
75 g de sucre en poudre
1 gousse de vanille

✦ Préchauffer le four à 180 °C (th. 6).

✦ Couper les queues des figues. Après les avoir grossièrement découpées, hacher finement les figues et les fruits secs choisis.

✦ Ajouter le sucre en poudre et le sucre vanillé.

✦ Monter les blancs d'œufs en neige ferme en ajoutant 1 pincée de sel.

✦ Les incorporez aux fruits hachés.

✦ Beurrer un moule rond de 13 cm de diamètre et verser la pâte du gâteau.

✦ Cuire au four pendant 35 min.

La crème anglaise

✦ Faire bouillir le lait et la gousse de vanille fendue dans une casserole à fond épais.

✦ Dans un saladier, fouetter longuement les jaunes et le sucre, verser ensuite doucement le lait bouilli sans cesser de fouetter.

✦ Verser à nouveau le mélange dans la casserole et tourner jusqu'à ce que la crème épaississe.

✦ Faire refroidir dans une jatte.

Finition

✦ Servir le gâteau démoulé, bien froid, avec la crème anglaise.

Le secret de ma mère

Ma mère ajoute systématiquement 1 cuil. à soupe de Maïzena dans la crème anglaise pour éviter qu'elle ne tourne.

Suggestion de menu

~ Poivrons marinés au gingembre
et à la coriandre, 73
~ Estouffade d'agneau à la purée d'ail, 136
~ *Gâteau de figues séchées*

Un corbières rouge

Tarte aux figues tombées

Les figues sont abondantes dans le jardin d'Oraison et celles qui tombent sans que l'on ait à les ramasser sont transformées tout l'été en tartes, figues au four... Quand nous sommes las des tartes, nous nous mettons aux confitures, mais en attendant, voici une superbe recette de tarte aux figues pour profiter de la belle saison.

Pour 6 personnes

Préparation : 15 min
Repos de la pâte : 1 h
Cuisson : 45 min

Ingrédients

12 figues
150 g de framboises
40 g de farine
150 g de sucre
1/2 litre de lait
2 œufs
50 g de beurre

Pâte brisée sucrée
250 g de farine
100 g de beurre
1/8 de litre (12,5 cl) de crème fraîche liquide
1 cuil. à soupe de sucre en poudre

La pâte brisée sucrée

✦ Dans une grande jatte, travailler le beurre coupé en dés, le sucre et la farine, ajouter progressivement la crème liquide et laisser reposer 1 h avant de l'étaler.

✦ La faire précuire 10 min au four à 180 °C (th. 6) en ayant pris soin de placer sur le fond de tarte une feuille de papier sulfurisé recouverte de gros haricots secs. Cela évitera à la pâte de boursoufler.

Le flan

✦ Mettre le lait à bouillir dans une casserole avec 50 g de sucre.

✦ Battre les œufs entiers dans une jatte avec le reste du sucre jusqu'à ce que le mélange blanchisse.

✦ Ajouter alors la farine et le lait bouillant progressivement, sans cesser de battre.

✦ Éteindre le feu et reverser la totalité du mélange dans la casserole.

✦ Battre encore quelques minutes sur feu très doux.

Finition

✦ Verser le flan sur la pâte précuite.

✦ Fendre les figues en deux, sans abîmer la queue.

✦ Disposer les figues en quinconce et enfourner 30 min à 180 °C (th. 6).

✦ Décorer la tarte, une fois celle-ci refroidie, avec des framboises fraîches.

VARIANTE

Pâte feuilletée. Cette tarte est aussi délicieuse avec une bonne pâte feuilletée. Avant de la faire précuire, ne pas oublier de la percer de mille petits trous de fourchette pour éviter qu'elle ne gondole et ne se boursoufle.

Suggestion de menu

~ Caviar d'aubergines, 62
~ Poulet aux 3 poivrons, 119
~ *Tarte aux figues tombées*

🍷 Un alsace riesling

Tatin aux pommes,
romarin et miel caramélisé

Un grand classique de ma mère qui s'obstine cependant à utiliser une pâte à tarte toute prête en femme moderne qu'elle est. Ma préférence va cependant à une bonne pâte brisée maison à ne pas travailler trop longuement.

Pour 6 personnes

Préparation : 30 min
Repos de la pâte : 1 h
Cuisson : 35 min

Ingrédients

1 kg de pommes, type reines des reinettes
1 branche de romarin
100 de miel liquide

Pour la pâte
250 g de farine
100 g de beurre mou
1/8 de litre (12,5 cl) de crème fraîche
1 pincée de sel
1 cuil. à soupe de sucre en poudre

La pâte

✦ Mélanger la farine et le beurre mou coupé en petits cubes, ajouter la crème fraîche, le sel, puis le sucre, travailler et former une boule.
✦ Laisser reposer au frais 1 h au minimum.

La garniture

✦ Dans une casserole porter le miel à ébullition pendant 1 à 2 min.
✦ Verser le « caramel de miel » dans un moule à manqué et chemiser le moule, c'est-à-dire tourner le moule jusqu'à ce que toutes les parois soient bien recouvertes de ce miel.
✦ Émietter la branche de romarin sur le miel caramélisé.
✦ Préchauffer le four à 210 °C (th. 7).
✦ Peler les pommes et, après avoir enlevé le trognon, les couper en quatre.
✦ Disposer les pommes dans le moule en formant des cercles concentriques.
✦ Étaler la pâte en un cercle un peu plus grand que le moule à manqué, en gardant une certaine épaisseur (au moins 4 mm).
✦ Poser la pâte sur les pommes et border en enfonçant la pâte le long des parois du moule.
✦ Glisser au four 30 à 35 min. Quand la pâte est cuite, le dessus doit avoir une belle couleur dorée.

✦ Démouler chaud en retournant sur un plat de service, servir tiède, accompagné de crème fraîche épaisse bien froide.

Suggestion de menu

~ Salade du Gavot au chèvre, 82
~ Poulet au pastis à l'ancienne, 132
~ *Tatin aux pommes, romarin et miel caramélisé*

🍷 Un côtes du vivarais rosé

Omelette grand-mère au pastis

Cette recette oubliée mérite de retrouver ses lettres de noblesse. Je l'ai retrouvée en rangeant les carnets de cuisine de ma grand-mère, dans un chapitre qu'elle consacrait aux œufs. Facile, économique, diététique, elle fleure bon le passé et pourtant s'adapte à merveille à nos vies agitées. Tous les ingrédients qui la composent nous disent la Provence, le pastis, les fruits confits du pays d'Apt, la poudre d'amandes, les œufs fraîchement ramassés... Si la cuisson elle-même doit se faire au dernier moment, vous pouvez cependant préparer l'appareil et le maintenir au frais, ce qui rendra votre indisponibilité auprès de vos invités de courte durée.

Pour 6 personnes

Préparation :
15 min (2 h avant le repas)
15 min (juste avant de servir)
Cuisson : 8 à 10 min

Ingrédients

8 œufs
1 cuil. à soupe de beurre
80 g de sucre en poudre
1 cuil. à soupe de sucre glace
80 g de poudre d'amandes
1/4 d'orange confite
1 morceau de 2 cm d'angélique
1 bonne cuil. à soupe de pastis
Sel fin

Environ 2 h avant de passer à table

✦ Découper l'orange confite et l'angélique en lamelles, puis en petits cubes de quelques millimètres.

✦ Séparer les blancs des jaunes des œufs.

✦ Dans un saladier, travailler au fouet le sucre en poudre et les jaunes d'œufs jusqu'à ce que le mélange blanchisse, puis ajouter la poudre d'amandes, le pastis et les fruits confits.

✦ Monter les blancs en neige ferme, avec 1 pincée de sel. Les incorporer, sans les briser, à la préparation précédente.

✦ Placer le tout au frais en attente jusqu'au moment du dessert.

Au moment du dessert

✦ Au moment de servir, prendre une poêle confortable, y placer 1 cuil. à soupe de beurre et chauffer doucement.

✦ Sortir votre mélange du réfrigérateur : il aura à ce moment-là une belle couleur jaune soleil. S'il a beaucoup attendu, retravailler le mélange au fouet l'espace d'un instant.

✦ Verser le tout dans la poêle où vous attend le beurre chaud, et faire cuire comme une omelette traditionnelle, à feu vif

d'abord, puis à feu doux pour ne pas la brûler, le temps de cuisson dépend du mode de cuisson (gaz ou électricité) et de la poêle utilisée, compter environ 8 à 10 min, pas plus.
✦ Retourner délicatement l'omelette sur un grand plat et faire cuire l'autre côté quelques minutes encore.
✦ Placer dans un plat de service et saupoudrer de sucre glace.

Choix des œufs
Utilisez de préférence des œufs coque extra-frais.

Le secret de ma mère

Pour un petit coup d'esbroufe, utilisez, si vous en avez, des petites poêles à blinis pour confectionner des omelettes individuelles et décorez au moment de servir avec des lamelles de fruits confits ou quelques grains de raisin frais. Vous pouvez aussi « flamber » l'omelette au pastis. Dans ce cas, faites chauffer 2 cuil. à soupe de pastis et craquez une allumette sur ce liquide brûlant, versez avec précaution sur l'omelette.

Bon à savoir

Il est toujours délicat de retourner une omelette afin de la faire cuire également des deux côtés, aidez-vous d'une assiette plus grande que votre poêle, il en existe d'ailleurs faites spécialement pour cela chez les potiers de Provence. Faites glisser l'omelette délicatement dans l'assiette, placez votre poêle en guise de couvercle et retournez comme une crêpe en faisant attention de ne pas vous brûler. Faites fondre à nouveau un petit morceau de beurre dans la poêle et faites glisser ensuite l'appareil pour terminer la cuisson en douceur.

Variantes

~ ***Omelette à l'abricot.*** Si vous n'aimez pas les fruits confits, remplacez-les par de bons abricots frais ou même par des fruits au sirop bien égouttés.
~ ***Omelette à l'absinthe.*** On trouve à nouveau de l'absinthe et les

anciens concevaient cette recette avec, en lieu et place du pastis, ce breuvage qui, paraît-il, rend fou. Si la folie vous tente...

Suggestion de menu

~ Tartine au chèvre frais
et aux poivrons rouges, 27
~ Pâtes au pistou, 215
~ *Omelette grand-mère au pastis*

Un vin de pays des côtes catalanes
(Domaine Cazes)

Un maury Mas Amiel ou un vieux madère
pour le dessert

Sorbet au nougat

Pour 6 personnes

Préparation : 2 h 30

Ingrédients
500 g de miel liquide
2 barres de nougat blanc tendre aux amandes et pistaches (400 g environ)
2/3 de litre d'eau

La veille
✦ Placer le nougat au congélateur.

Le jour même
✦ Porter l'eau et le miel à ébullition, le miel doit fondre de façon homogène.
✦ Verser dans une sorbetière et faire turbiner.
✦ Concasser le nougat à l'aide d'un rouleau à pâtisserie et remettre au congélateur.
✦ Quand le sorbet est pris, mélanger avec les éclats de nougat puis remettre au congélateur et laisser prendre à nouveau pendant au moins 1 h.

Le secret de ma mère

Ma mère sert un petit coulis de cerise sur ce délicieux sorbet ou l'accompagne de quelques figues fraîches.

Suggestion de menu

~ Soupe aux 3 poivrons, 50
~ Magrets de canard aux figues de Dabisse, 129
~ *Sorbet au nougat*

Un cahors ou un pomerol

Glace à la verveine

Avez-vous déjà respiré un bouquet de verveine fraîche ? Même sans la voir, elle embaume déjà et, au marché de Forcalquier, guide nos pas vers le petit marchand de fruits qui se tient dans la ruelle qui conduit à la place Saint-Michel. Elle parfume avec délicatesse la moindre salade de fruits et s'utilise en glace ou en sorbet.

Pour 6 personnes

Préparation : 15 min
Cuisson : 20 min
Repos au frais : 30 à 40 min

Ingrédients

2 litres de lait entier
9 jaunes d'œufs
100 g de sucre en poudre
1 bouquet de verveine fraîche

L'infusion de verveine

✦ Laver et sécher les feuilles de verveine.

✦ Dans une casserole, mettre le lait à bouillir.

✦ Quand le lait a bouilli, hors du feu, mettre la verveine à infuser 10 min en couvrant la casserole d'une assiette ou d'un couvercle.

✦ Au bout de 10 min, retirer les feuilles de verveine du lait.

La crème anglaise

✦ Dans un saladier, battre au fouet les jaunes d'œufs et le sucre jusqu'à une consistance mousseuse. Verser le lait sur ce mélange. Remettre la casserole sur feu doux et cuire sans cesser de remuer avec une cuillère en bois.

✦ Le mélange doit napper la cuillère, cela prendra environ 15 à 20 min à feu très très doux. Au bout de ce temps, verser la crème dans un saladier bien froid pour arrêter la cuisson.

La glace

✦ Mettre la crème dans une sorbetière et faire turbiner 30 à 40 min.

✦ Servir avec des fruits rouges ou sur une tarte aux figues.

Le secret de ma mère

Elle fait sécher dans son grenier les feuilles de verveine, qui deviennent très cassantes. Elle les utilise en infusion l'hiver ou les fait tremper dans de l'eau tiède pour parfumer ses salades de fruits.

VARIANTE

Glace à la lavande. Remplacer la verveine par 5 brins de lavande fraîche.

Suggestion de menu

~ Petits artichauts poivrades en marinade, 200
~ Tartare de thon à l'aïoli, 183
~ Tarte aux figues tombées, 272
et *glace à la verveine*

Un côtes de provence rosé

Oreillettes

Merveille, ganse du comté de Nice, mensonge dans les régions de la Vésubie, la Roya et la Bévéra, croquant de Barcelonnette, bugne de Champoléon et du Briançonnais, ce beignet qui n'est autre que l'oreillette se décline dans toute notre région sous les appellations les plus diverses. C'est la tradition du mardi gras mais certains pâtissiers en fabriquent dès le 1er janvier.

Pour 6 personnes

Préparation : 15 min
Repos de la pâte : 1 h
Cuisson : 5 min

Ingrédients

500 g de farine
50 g de sucre en poudre
100 g de sucre glace
3 œufs entiers
50 g de beurre mou
1 orange (zeste)
1 citron (zeste)
1 cuil. à soupe d'eau de fleur d'oranger
1/2 litre d'huile d'arachide (friture)
1 pincée de sel

Préparation de la pâte

✦Dans un grand saladier, mettre la farine.

✦Râper le zeste de l'orange et du citron, les mêler à la farine. Ajouter 1 pincée de sel, puis 50 g de sucre en poudre et autant de beurre ramolli. Casser 3 œufs dans la farine, mélanger à la cuillère en bois, et terminer par l'eau de fleur d'oranger.

✦Pétrir la pâte sans eau et la laisser reposer 1 ou 2 h.

Friture

✦Fariner le plan de travail ou, mieux encore, une plaque en marbre.

✦Abaisser la pâte au rouleau pour obtenir un rectangle de 4 mm d'épaisseur.

✦Avec une roulette dentelée, découper des lanières longues de 8 cm et larges de 4 cm.

✦Dans une sauteuse, mettre l'huile à chauffer. Y faire dorer les oreillettes par fournées en les retournant à mi-cuisson.

✦Au fur et à mesure que les oreillettes sont cuites, les sortir de la friture et les saupoudrer de sucre glace, alors qu'elles sont encore chaudes.

Bon à savoir

Léger. Il est préférable d'égoutter les oreillettes sur du papier absorbant avant de les saupoudrer de sucre glace.

Suggestion de menu

~ La soupe d'épeautre de Dédée, 42

~ Papeton d'aubergines, 190

~ *Oreillettes*

🍷 Un graves rouge ou un gigondas

Le nougat noir de Noël

Pas de Noël en Provence sans nougat noir, il entre dans la composition des 13 desserts et aucune famille, il y a encore quelques années, n'aurait failli à la tradition. Mon père a même fabriqué, pour perfectionner la forme de ce nougat, un moule très pratique soudé par ses soins. Une seule recommandation, gare à vos dents, mieux vaut avoir une dentition solide qui permet de croquer dans ces barres, sous peine de passer Noël édenté...

Pour 1 pot de 500 g de miel

Préparation : 30 min
Cuisson : 20 min

Ingrédients

500 g de miel
500 g d'amandes non pelées
Du papier hostie ou du pain azyme

✦ Dans une bassine en cuivre, faire bouillir le miel, sans cesser de tourner.

✦ Faire revenir les amandes dans une poêle, sans les émonder pour leur donner une belle couleur dorée.

✦ Ajouter les amandes au miel brûlant.

✦ Surveiller la cuisson sans cesser de touiller.

✦ C'est la teinte brune du miel et le pétillement des amandes dans le miel qui vous donneront le signal de l'arrêt de la cuisson, fiez-vous à votre instinct car le temps de cuisson est indicatif, il dépend du matériel utilisé et de la qualité du miel.

✦ Dans un moule rectangulaire plat, déposer une feuille de papier hostie et recouvrir avec le nougat.

✦ Placer une deuxième feuille de papier hostie et laisser refroidir en posant un poids sur le dessus du papier. Découper ensuite en longues barres.

Le secret de ma mère

~ Ma mère manipule son nougat avec 2 moitiés de citron pour éviter toute adhérence avec le miel et les amandes encore chauds et très collants.

~ Avant l'invention par mon père du fameux moule à nougat, elle utilisait des boîtes en bois, type boîtes à dominos, pour éviter d'avoir à recouper le nougat en longues barres.

Pâte de coing

Les goûters de mon enfance : pot de pâte de coings toujours tenu au même endroit... dans l'armoire du salon, boudoirs trempés dans du lait tiède... et jamais assez de pâte de coings pour tenir la saison, malgré la production généreuse de notre grand-mère.

✦ Bien essuyer les coings et les couper en huit.
✦ Dans une casserole avec un verre d'eau, les laisser cuire 30 min en les surveillant, leur chair doit devenir rosée.
✦ Les passer au presse-purée, cette opération est longue et assez fastidieuse car les coings sont encore assez durs à travailler.
✦ Peser la purée.
✦ La mettre dans une casserole avec le même poids de sucre en poudre.
✦ Chauffer doucement et remuer sans cesse avec une cuillère en bois environ 30 min.
✦ Arrêter la cuisson quand la pâte se détache d'un seul bloc de la cuillère en bois.
✦ Verser la pâte, soit dans des pots de confiture légèrement huilés, soit dans des moules carrés ou rectangulaires, selon le mode de conservation que vous aurez choisi.
✦ L'épaisseur de la pâte ne doit pas, dans ce cas, excéder 3 ou 4 cm.
✦ Attendre une dizaine de jours que la pâte sèche, puis découper selon la forme de votre choix, rouler dans le sucre cristallisé et placer dans de petites caissettes de papier en attendant Noël...

Le secret de ma grand-mère
Ma grand-mère ajoutait 6 graines de cardamome à sa purée de coings et le goût de ces épices mettait en valeur la saveur des coings.

Pour 6 personnes

Préparation : 40 min
Cuisson : 2 × 30 min
Repos : 10 jours

Ingrédients
5 coings bien mûrs
Sucre en poudre (même poids que la purée de coings obtenue)
Sucre cristallisé

Choix des coings
Les coings utilisés doivent être bien mûrs, c'est-à-dire d'une belle couleur jaune.

Rapide
Si vous avez fait de la gelée de coing (p. 288), utilisez la chair des coings pour faire la pâte de coing. Dans ce cas, pesez la purée de fruits et ajoutez son équivalent en sucre.

La fougasse

Ce pain plat ajouré a conquis aujourd'hui toutes les tables, et il est rare que les boulangeries n'en présentent pas – même loin de la Provence – de toutes sortes, à l'oignon, à la tomate, etc. L'original, pourtant, est bien provençal. Il était au Moyen Âge un pain de luxe cuit sous la cendre. Dans les régions du Nord, ce pain subsiste sous le nom de fouace, en Provence, il est devenu fougasse et n'est plus réservé aux fêtes comme antan.

Pour 6 personnes

Préparation : 1 h
Repos du levain : 20 min
Repos de la pâte : 45 + 30 min
Cuisson : 15 min

Ingrédients

1,5 kg de farine
1 cube de levure de boulanger
1 pincée de sel

Le levain

✦ Émietter la levure de boulanger avec 2 cuil. à soupe d'eau tiède. Ajouter le sel.
✦ Réserver dans un endroit tiède pendant 20 min.
✦ Ajouter la farine et de l'eau.

La fougasse

✦ Pétrir la pâte à la main pendant 45 min (ou utiliser un pétrin électrique).
✦ Laisser reposer 45 min sous un linge propre.
✦ Enlever le linge et laisser à l'air pendant 30 min.
✦ Préchauffer le four à 180 °C (th. 6).
✦ Détaillée la pâte à pain en boules de 500 g. Allonger chaque pâton sur 40 cm environ et entailler plusieurs fois dans le sens de la longueur. Étirer ensuite chaque fougasse dans la largeur pour élargir les entailles.
✦ Faire cuire au four pendant 15 min.

VARIANTE

Olives noires, roquefort, tomates. Ajouter à la pâte des olives noires dénoyautées ou un peu de roquefort, ou encore quelques rondelles de tomates.

Les confitures

Gelée de coing

Il vous faudra un peu de patience pour préparer cette délicieuse gelée qui fera le régal de vos amis au petit déjeuner. Mais vous serez largement récompensé par les saveurs qui émanent de ce fruit mal connu car de forme ingrate, issu du cognassier de Provence, qui sert de porte-greffes au poirier.

Pour 2 kg de fruits

Préparation : 30 min
Cuisson : 2 × 30 min

Ingrédients

2 kg de coings
800 g de sucre par litre de jus
1 jus de citron par litre de jus
1 grande compresse de gaze ou de la mousseline

Choix des coings
Vous trouverez des coings dans les jardins ou au marché en octobre et novembre, plutôt chez les petits producteurs ou chez des paysans bio. Le coing n'a pas bonne mine et il est souvent visité par les vers, sans que cela ne nuise à son goût. Il n'est pas courant de le voir utilisé à d'autres fins que celle de la gelée ou de la pâte de coing

✦ Essuyer les coings pour enlever leur duvet.

✦ Les éplucher en retirant le cœur dur et tous les pépins. Cette opération nécessite un bon couteau et de la patience, car, comme pour le potiron, la peau est dure et difficile à enlever.

✦ Garder les résidus précieusement car leur pectine servira à faire prendre la gelée lors de sa cuisson.

✦ Couper les coings en huit quartiers.

✦ Envelopper dans une grande compresse les pépins et les peaux.

✦ Disposer les fruits et la mousseline dans une bassine à confiture ou dans une grande casserole.

✦ Couvrir avec de l'eau en comptant 1 litre d'eau pour 500 g de fruits épluchés, prêts à cuire.

✦ Porter à ébullition puis laisser mijoter jusqu'à ce que les coings soient cuits sans se défaire, ce qui troublerait la gelée. Compter environ 30 min.

✦ Verser dans un tamis et égoutter à fond.

✦ Presser la compresse de gaze ou la mousseline pour en extraire un liquide gluant et épais qui aidera à la gélification.

✦ Conserver la chair de coings pour confectionner de la pâte de coing (voir recette p. 285).

✦ Mesurer le volume de jus recueilli et le passer au travers d'un linge fin (mouchoir en lin ou torchon propre et très fin).

✦ Dans la bassine, reverser le jus et 800 g de sucre et 1 jus de citron par litre de jus recueilli.

✦ Faire cuire à grand feu en remuant souvent, écumer régulièrement pour enlever la petite écume blanche qui se forme en cours de cuisson.
✦ La gelée est cuite en principe au bout de 30 min.
✦ Pour vérifier la cuisson, faire couler un peu de gelée sur une soucoupe, elle doit filer en une trace continue et ne pas perler goutte à goutte. (Au thermomètre à sucre, compter 103 à 105 °C).
✦ Mettre dans des pots bien nettoyés préalablement et boucher immédiatement.

Pourtant, j'ai essayé avec succès toutes sortes de tajines ou de compotes et je peux vous dire que le coing se marie à merveille avec du canard ou de l'agneau. On fait aussi une très bonne compote en ajoutant 1 ou 2 coings à quelques pommes.

Le secret de ma mère

Ma mère ajoute au jus des coings 1 capsule (qui contient des graines noires) de cardamome et un peu d'anis étoilé.

Bon à savoir

Aïoli de coings. Une très bonne recette que les Catalans utilisent pour manger avec le gibier : faire cuire un gros coing au four dans une papillote de papier aluminium pendant 20 bonnes min. Dans une poêle, avec un fond d'huile d'olive, faire revenir 12 gousses d'ail sans les faire noircir. Piler la chair du coing, écrasée et débarrassée de ses pépins, dans un mortier avec un pilon, ajouter l'ail, 1 jaune d'œuf, du poivre et un trait de vinaigre. Monter à l'huile d'olive.

À déguster avec du gros gibier ou tout simplement avec du porc ou du canard.

Confiture de figues

Le figuier qui sépare, à Oraison, notre jardin de celui de notre voisin, ploie l'été sous le poids de figues violettes, lourdes, tendres, douces, généreuses dont nous ne savons plus que faire (un figuier peut donner de 50 à 100 kg de fruits). Après avoir mangé des tartes, des figues au four, des figues accompagnant les magrets de canard, nous nous mettons aux confitures, c'est alors mon père qui officie, je vous livre sa recette.

Pour 1,75 kg de confiture

Préparation : 15 min
Cuisson : 30 min

Ingrédients
1 kg de figues
750 g de sucre
1 gousse de vanille
1 jus de citron

Choix des figues
Préférez les figues tardives, elles sont plus sucrées, peu importe qu'elles soient fendues ou non, vérifiez seulement que vous ne faites pas de la confiture de fourmis.

Préparation des figues
✦ Équeuter et peler les figues.
✦ Ébouillanter les fruits dans une grande casserole d'eau bouillante pendant 3 min.
✦ Retirer de l'eau avec une écumoire et placer dans une passoire, passer sous l'eau froide rapidement.

La cuisson de la confiture
✦ Couper les figues en quatre et les déposer dans une bassine à confiture.
✦ Faire cuire les figues seules 15 min en remuant fréquemment.
✦ Ajouter ensuite le sucre, le jus de citron et 1 ou plusieurs gousses de vanille fendues sur la longueur. Cuire doucement pendant 15 min en continuant à remuer constamment.
✦ Vérifier souvent la cuisson qui doit laisser les fruits tendres et non caramélisés.
✦ Placer dans des pots et recouvrir de papier sulfurisé avant de les fermer hermétiquement.

Le secret de mon père
Mon père ajoute un bâton de cannelle et un anis étoilé dans sa confiture. Le goût des épices se marie très bien avec les figues.

Confiture de poires
au gingembre et au poivre
Le délice de Papa

Une variante épicée de la confiture de poires, à déguster en dessert avec un pain perdu ou une glace aux poires.

Pour 2 kg de confiture

Préparation : 10 min
Cuisson : 40 min

Ingrédients
- 1,2 kg de poires (comice)
- 800 g de sucre cristallisé
- 1 citron (jus)
- 30 g de gingembre frais
- 5 tours de moulin à poivre

✦ Éplucher le gingembre avec un bon couteau ou avec le couteau économe, le découper en très fines lamelles.

✦ Peler les poires et détailler en fins quartiers après avoir ôté le cœur et les pépins.

✦ Dans une bassine à confiture ou dans un grand faitout, placer les fruits et le sucre, couvrir du jus de citron, du gingembre frais et de quelques tours de moulin à poivre, à votre convenance.

✦ Porter à ébullition, maintenir 25 min à frémissement en remuant avec une cuillère en bois.

✦ Continuer la cuisson en écumant souvent, jusqu'à obtenir une confiture translucide et nappante.

Le secret de ma mère
Pour vérifier la cuisson, déposer quelques gouttes de confiture dans une soucoupe, celles-ci doivent se figer immédiatement.

Bon à savoir
Rien ne se perd dans cette confiture, j'utilise ce que j'écume pour sucrer yaourts nature ou fromages blancs.

Les boissons

Abricots à l'eau-de-vie

Pour 6 personnes

Préparation : 15 min
Cuisson : 5 min
Infusion : 12 jours

Ingrédients
30 abricots
2 litres d'eau-de-vie

Pour 1/2 litre de sirop
500 g de sucre
1 litre d'eau

Le sirop

✦ Préparer un sirop avec 500 g de sucre et 1 litre d'eau.

La cuisson des abricots

✦ Dans une bassine, verser le sirop et plonger les abricots entiers pendant quelques minutes.

✦ Sans les écraser, récupérer les abricots et les déposer dans des pots en verre à système (pour conserves).

✦ Couvrir les abricots avec l'eau-de-vie.

✦ Filtrer le sirop et le garder au frais.

Au bout de 12 jours

✦ Ajouter le sirop aux pots d'abricots à l'eau-de-vie en répartissant équitablement par pot.

✦ Essayer d'attendre quelques jours pour consommer les abricots à l'eau-de-vie.

LE SECRET DE MA MÈRE

Un peu d'anis étoilé (badiane) fractionné qu'elle répartit dans chaque pot.

Sirop de groseille
Pour le goûter des petits

Bien meilleur que nos sirops de grenadine artificiels, ce sirop de groseille maison enchantera nos petits, préparez-le avec eux.

L'avant-veille

✦ Égrener les groseilles, les percer une par une avec une plume d'oie, à l'ancienne.

✦ Les laisser fermenter à température ambiante pendant un jour et une nuit.

Le jour même

✦ Ajouter le sucre et 1 verre d'eau, faire bouillir 9 min.

✦ Filtrer et laisser reposer dans une bouteille en verre.

Pour 1 litre de sirop

Préparation : 45 min
Fermentation : 1 jour + 1 nuit
Cuisson : 9 min

Ingrédients

1 kg de groseilles
1 kg de sucre

Vin de noix de la Saint-Jean

C'est un vin d'apéritif, très simple à préparer si on peut se procurer des noix fraîches et qui me rappelle mon enfance. À servir dans de jolis verres à liqueur ou en accompagnement d'un bon melon.

Préparation : 20 min
Macération : 50 jours

Ingrédients

45 noix vertes cueillies à la Saint-Jean (24 juin)
500 g de sucre en poudre
5 litres de vin rouge
1/2 litre d'eau-de-vie
1 gousse de vanille
1 bâton de cannelle

Les noix

✦ Écraser les 45 noix encore vertes avec leur écorce et le brou, utiliser un pilon et des gants car le brou tache terriblement.

✦ Les mettre dans une dame-jeanne ou une bonbonne avec le vin, l'eau-de-vie, la cannelle et la vanille.

50 jours plus tard

✦ Filtrer, puis ajouter 500 g de sucre en poudre.

✦ Mettre en bouteilles et les oublier dans un coin de votre cave... Plus le vin vieillit, meilleur il est.

Le secret de ma grand-mère

Elle ajoutait un rien de muscade et 4 clous de girofle à sa préparation.

Bon à savoir

Les noix. Il faut pour cette recette des noix encore laiteuses difficiles à trouver dans le commerce. Faites le tour de vos amis et intriguez pour récupérer 45 noix, cela en vaut la peine. Proposez un troc, ils seront gagnants...

Génépi de Richard

En plus de son talent de peintre, Richard Bonnet est un bon montagnard, il traque selon les saisons, les champignons, les sangliers ou... le génépi. C'est lui qui nous a confié cette recette, qu'il peaufine au fil des ans en respectant cependant la règle des 3 « quarante » : 40 fleurs, 40 jours, 40 morceaux de sucre pour le sirop.

La macération

✦ Dans une dame-jeanne ou une bonbonne, placer 40 brins de génépi dans un litre d'eau-de-vie.
✦ Laisser macérer 40 jours.

Le sirop

✦ Faire un sirop avec 40 morceaux de sucre et un peu d'eau, ajouter au génépi, mettre en bouteilles.

LE SECRET DE MA GRAND-MÈRE

Chaque habitant de l'Ubaye a ses trucs pour réaliser sa propre recette : varier le temps de macération, la teneur en sucre du sirop, ramasser les brins le matin à la rosée ou filtrer la liqueur au blanc d'œuf. Ma grand-mère ajoutait 2 feuilles de cassis et 1 feuille de menthe poivrée à son génépi.

BON À SAVOIR

~ La Distillerie de Forcalquier offre aux amateurs un génépi superbe et elle seule a droit à l'appellation « Produit de Montagne ».
~ Le génépi est désormais cultivé dans la vallée de l'Ubaye.

Préparation : 15 min
Macération : 40 jours

Ingrédients

40 brins de génépi
40 morceaux de sucre
1 litre d'eau-de-vie

Récolte du génépi
Cette plante de haute montagne, recommandée pour ses qualités digestives, se cueille début août autour de Barcelonnette, dans l'Ubaye (Alpes de Haute-Provence). Elle demande aux amateurs de longues marches car on la trouve en altitude. Sa cueillette, longtemps réservée aux seuls hommes, est aujourd'hui limitée à 100 brins par personne. Génépi est le nom savoyard de l'armoise.

Vin d'orange à l'ancienne
Mon premier apéritif

À chaque boisson, son verre. Pour le vin d'orange, c'était un joli verre de cristal ciselé, bien évasé et fragile, ce qui ajoutait encore au plaisir de la dégustation. Ce vin était très doux, ce fut mon premier apéritif, j'en ai encore le goût aujourd'hui, et j'essaie de le retrouver au travers de cette recette sibylline, laissée en héritage par ma grand-mère.

Préparation : 20 min
Macération : 30 jours
6 mois de mise en bouteilles avant dégustation

Ingrédients

5 litres de vin blanc
1 kg d'oranges non traitées
1 citron non traité
1 gousse de vanille
1 litre d'eau-de-vie
1 kg de sucre

✦ Dans une dame-jeanne ou un grand bocal qui se ferme de manière hermétique, placer 1 citron et 1 kg d'oranges, coupés en quatre avec leur peau, dans 5 litres de vin blanc et 1 litre d'eau-de-vie.

✦ Ajouter la gousse de vanille fendue et 1 kilo de sucre.

✦ Laisser macérer au moins 30 jours.

✦ Attendre encore 6 mois pour le boire, l'idéal étant de pouvoir tirer chaque bouteille après l'autre, sans vider la dame-jeanne car, plus le vin macère, meilleur il est.

Le secret de ma grand-mère

Ma grand-mère avait une amie à Hyères, qui lui donnait chaque hiver des oranges de son jardin, non traitées bien sûr. Elle préparait son vin d'orange en janvier et le servait l'été en apéritif.

Variante

Vin de citron. Même préparation que pour le vin d'orange, mais on remplace celles-ci par des citrons non traités.

Malaga aux feuilles de noix

« Malaga, porto, madère », chantaient les trois cousines d'Offenbach dans La Périchole. *Quelle boisson délicieusement rétro que ce malaga savoureux, facile à préparer et que l'on trouve dans toutes les armoires de grand-mères en Provence.*

✦ Placer tous les ingrédients dans une dame-jeanne ou une bonbonne.
✦ Laisser macérer 48 h.
✦ Soutirer, filtrer et mettre en bouteilles.
✦ Oublier à la cave quelques mois.

Préparation : 10 min
Macération : 2 jours
6 mois de mise en bouteilles avant de servir

Ingrédients

4 litres de vin rouge
40 feuilles de noyer
1 litre d'eau-de-vie
1 kg de sucre
50 g d'écorces d'orange

Marsala de la mère d'Hélène

Une boisson d'origine italienne, qui a fait souche en Provence et que l'on retrouve encore en apéritif chez tous les vrais Provençaux, avec de belles étiquettes calligraphiées à l'ancienne.

Préparation : 10 min
Macération : 20 jours

Ingrédients

1 litre de vin rosé
4 cuil. à soupe de chicorée
1,5 gousse de vanille fendue
250 g de sucre en poudre
1/2 verre d'alcool à 90°

- ✦ Laisser macérer dans une bonbonne ou une dame-jeanne le vin rosé, la chicorée et la vanille pendant 20 jours.
- ✦ Filtrer.
- ✦ Ajouter l'alcool à 90° et le sucre.
- ✦ Ranger dans un coin de la cave en attendant les vacances.

Vin de sauge

La sauge a des vertus curatives nombreuses, elle est souvent présente dans la cuisine provençale, accompagnant le porc ou le lapin. Elle fait aussi un vin (en fait, une eau-de-vie) qui, comme disent les anciens, « est excellent lorsqu'on a une faiblesse »... Pour de grandes faiblesses... la recette originale tirée d'un vieux grimoire.

Préparation : 10 min
Macération : 40 jours

Ingrédients

1 beau bouquet de sauge fleurie, coupée en mai
1 litre d'eau-de-vie

✦ Dans une dame-jeanne ou une jolie bonbonne, laisser macérer 40 jours la sauge dans l'eau-de-vie.
✦ Tirer au clair (filtrer).
✦ Utiliser quand on a une faiblesse.

Bon à savoir

On peut ajouter un sirop fait de 40 morceaux de sucre pour adoucir la préparation.

Nos meilleures adresses

Amandes et dérivés

Perlamande
Quartier l'Infernet
04700 Oraison
Tél. : 04 92 78 63 86

Lancée par la famille Berger, cette belle entreprise a aujourd'hui changé de mains et pris son envol, mais en conservant des produits de grande qualité (purée d'amandes, pâtes d'amande, confiture amande-orange, fruits secs, purée de sésame...), le tout avec un label bio. Des produits que l'on trouve aussi en magasin diététique ou en magasins bio comme Biocoop et L'eau vive.

Chocolats

Chocolaterie de Puyricard
420, route du Puy Ste Réparade
13090 Aix-en-Provence
Tél. : 04 42 96 11 21
Site Internet : www.puyricard.fr

106, rue du Cherche-Midi
75006 Paris
Tél. : 01 42 84 20 25

27, avenue Rapp
75007 Paris
Tél. : 01 47 05 59 47

Une maison familiale, traditionnelle qui, depuis plus de 30 ans, régale nos palais de chocolats fins et de calissons artisanaux, tous meilleurs les uns que les autres. La fabrique est située à Puyricard, un petit village au nord d'Aix-en-Provence, elle se visite sur demande mais vous trouverez aussi ces chocolats dans les deux boutiques parisiennes et dans différentes villes de la région PACA.

Confiserie

François Doucet
Magasin de vente directe :
Zone Artisanale
04700 Oraison
Tél. : 04 92 78 63 61
Site Internet : www.françois-doucet.com
Ouvert du lundi au vendredi
Vente par correspondance

Caverne d'Ali Baba, le magasin de vente directe offre tous les produits à notre dégustation. Délicieuses Marion-Lait, amandes recouvertes de chocolat et de praliné, ou encore amandes au gianduja et à la cannelle, divines pâtes de fruits aux fruits de Haute-Provence et mille autres délices à découvrir et à déguster sans limite. Les déclassés sont vendus au tiers du prix tout au long de l'année.

Épeautre

GAEC Aroma'plantes
La Parente
84390 Sault
Tél. : 04 90 64 04 02
Vente par correspondance

Fromages

Simone et Charles Chabot
La Petite Colle
04210 Valensole
Tél. : 04 92 74 81 92

C'est mon fournisseur favori de chèvres frais et de tomes à l'ancienne. Les Parisiens le trouveront chez Barthélémy (7e arr.), et les habitués du salon *Saveurs* le croiseront peut-être au détour d'un stand odorant, à l'Espace Champerret.

Gérard Loup
Les Provins
04700 Pumichel
Tél. : 04 92 78 73 41

Préparateur en pharmacie reconverti à l'élevage des chèvres et à l'élaboration de splendides tomes à différents stades d'affinage, vous le trouverez, pour les plus chanceux d'entre vous, sur le marché d'Oraison, tous les mardis matins.

Brigitte et Joël Corbon
La Pourcine
04300 Limans
Tél. : 04 92 73 01 54

Les Corbon produisent avec art et amour des banons et des chèvres frais et offrent à leurs visiteurs une visite détaillée de leur splendide domaine (sur rendez-vous pour des groupes d'au moins 8 personnes).

Huile d'olive

Moulin à huile Paschetta-Henry
04700 Oraison
Tél. : 04 92 78 61 02
Vente par correspondance

Je n'utilise jamais d'autres savons que ceux préparés par les Paschetta-Henry, ils décorent et parfument à longueur d'années ma salle de bains. J'y achète aussi, et par pleins bidons, une huile d'olive incomparable et des shampooings tout doux.

Moulin du Mardaric
Zone du Mardaric
04310 Peyruis
Tél. : 04 92 68 04 12

Oliviers & Co
Siège social et fabrique :
Avenue de la Burlière
04300 Mane
Tél. : 04 92 70 48 20
Site Internet : www.oliviers-co.com
Vente par correspondance : 0800 03 28 96

Boutiques :

3, rue des Cordeliers
04300 Forcalquier

28, rue de Buci
75006 Paris
Tél. : 01 44 07 15 43

44, rue Clerc
75007 Paris
Tél. : 01 45 51 00 83

Une belle réussite que l'ouverture de cette enseigne par un des fondateurs de l'Occitane, un choix très sélectif d'huiles d'olive de tout le Bassin méditerranéen, de délicieuses tomates semi séchées, de belles burettes et quelques taraïlles font désormais la joie des « bobos » du Lubéron et d'ailleurs. À côté de la boutique, un petit restaurant régale, à Forcalquier et à Paris, les amateurs de cuisine du Sud, inventive et goûteuse, avec une « méridienne de hors-d'œuvre », véritable mezzé provençal.

Huiles essentielles, bougies, encens

Terre d'Oc
3, route des Alpes
04700 La Brillanne
Tél. : 04 92 79 40 20

Un ancien de l'Occitane, lui aussi, a ouvert cette boutique qui recèle des trésors : encens, bougies, parfums d'intérieur, ocres, savons, etc., le tout dans un cadre splendide. Mais tous les produits de Terre d'Oc ont déjà essaimé et sont vendus par la chaîne Nature et Découverte.

Légumes

Brigitte Savornin et Stéphan Lévy
Campagne Barruol
04110 Reillanne
Tél. : 04 92 76 43 26 (le soir)
Marché : dimanche matin à Reillanne et lundi matin à Forcalquier

Pour des légumes tout frais cueillis, qui ne demandent plus qu'à être cuisinés, à l'aide de toutes nos recettes.

Liqueurs et apéritifs

Distillerie et Domaines de Provence
Avenue Saint-Promasse
04300 Forcalquier
Tél. : 04 92 75 15 41
Fermé entre janvier et mars
Vente par correspondance

Le pastis Henri Bardoin fait désormais partie de notre univers. Il vient de là, de cette magnifique distillerie à l'entrée de Forcalquier, qui produit aussi un formidable génépi, une farigoule qui rend n'importe quel lapin flambé « intelligent » et un très bon vin de noix. Des boissons vendues notamment chez Nicolas.

Miel

Depuis que mon ami Richard Bonnet a vendu ses ruches, il m'a bien fallu trouver d'autres producteurs. Miel de lavande ou miel de thym, à vous de choisir...

Louis Frume
Impasse Marcel Jean
04700 Oraison
Tél. : 04 92 78 61 47

Le miel de mon enfance, ma grand-mère ne l'a jamais acheté ailleurs. Un apiculteur en plein cœur d'Oraison, à deux pas de la place de l'église, qui produit un miel d'une qualité constante depuis des années.

Christian et Vincenta Hogedez
Ferme apicole Savy
04870 St Michel l'Observatoire
Tél. : 04 92 76 65 22 (le soir)

Pain

Au bon pain d'autrefois
04700 Le Castellet d'Oraison
Marché : lundi matin à Forcalquier

Ce boulanger artisanal cuit son pain deux fois par semaine, le lundi et le vendredi et l'on peut aller chercher sa miche toute chaude dès sa sortie du four, pain complet ou semi complet, délicieux pain au seigle.

Le pain à l'ancienne
Christian et Evelyne Robert-Traëger
Chemin du Colombier
04700 Le Castellet-d'Oraison
Tél. : 04 92 78 60 90
Ouvert les mardis, vendredis et dimanches de 13 h à 19 h

VINS

Coteaux de Pierrevert
Domaine La Blaque
SCI Chateauneuf
04860 Pierrevert
Tél. : 04 92 72 39 71
Fermé le dimanche
Vente par correspondance

C'est mon vin préféré, qu'il s'agisse du blanc ou du rouge en bouteille bourguignonne, ou encore du viognier à la couleur incomparable. L'accueil y est chaleureux et pour les fêtes, vous y trouverez des magnums qui feront vos soirées plus belles encore. Les coteaux de Pierrevert s'étendent sur 400 hectares à 10 minutes de Manosque, sur la rive droite de la Durance. Ne manquez pas l'espace dégustation si joliment décoré et sa superbe vasque à l'ancienne.

Côtes du Ventoux
Mme Aymard SCEA
Hameau de Serres
84200 Carpentras
Tél. : 04 90 67 02 79

C'est mon père qui, le premier, a trouvé le chemin de cette aimable maison, au pied du mont Ventoux et de ses sols calcaires, offrant un robuste côtes du ventoux rouge ou un bon blanc, qui accompagneront gaillardement une daube ou un lapin rôti.

Caves de la Madeleine
Pierre Bousquet
La Madeleine
Route de Volx
04100 Manosque
Tél. : 04 92 72 13 91

Ah, que seraient nos vacances sans le muscat petits grains, ce blanc fruité qu'on sert à l'apéritif et qui vous donne l'impression, comme un bon vin d'Alsace, de mordre à même la grappe ! Ce vin de pays des Alpes de Haute-Provence voisine ici avec un rosé fruité servi en Cubitainer et un rouge tout à fait convenable à des prix défiant toute concurrence. La maison propose aussi en saison des pommes et des pommes de terre.

Château Barberolles
La Tour l'Evêque
83 990 Gassin
Tél. : 04 94 56 33 58

Un coteaux varois rouge et puissant, un vin de la terre et du soleil qui vaut bien le détour par ce magnifique village à deux pas de Saint-Tropez.

Vacqueyras
Emmanuel Reynaud
Château des Tours
« Les Sablons »
84260 Sarrians
Tél. : 04 90 65 41 75
Vente par correspondance

Voisin du châteauneuf-du-pape, le vacqueyras comblera les amateurs de vins tanniques et longs en bouche, pour des prix plus raisonnables que son illustre voisin.

Beaumes-de-Venise
Cave des Vignerons de Beaumes-de-Venise
Quartier Ravel
84190 Beaumes-de-Venise
Tél. : 04 90 12 41 00

Une adresse incontournable, au pied des dentelles de Montmirail, pour les amoureux du muscat de beaumes-de-venise, issu d'un seul cépage, le muscat petits grains, et pour la belle cuvée du Terroir du Trias, un rouge charpenté qui n'a rien à envier à un châteauneuf-du-pape, quand on sait l'attendre un peu.

Palette
Château Simone
13590 Meyreuil
Tél. : 04 42 66 92 58
Vente par correspondance

Une appellation rare, un tout petit domaine, ancien clos du bon Roi René qui s'étend autour d'une bastide du XVIIe et hélas, des prix qui s'envolent pour les rouges comme pour les blancs. Le rouge est un vin de longue garde aux arômes de violette et de bois de pin, mais qui, malgré son prix, mérite vraiment d'être découvert.

Bandol
SCEA Château de Pibarnon
83740 La Cadière d'Azur
Tél. : 04 94 90 12 73
Vente par correspondance

Une bastide de rêve, garante de la noblesse de ce vin qui se déguste en rouge, en rosé et en blanc. Ma préférence va au rouge, pourpre et souple avec une longueur en bouche exceptionnelle.

Mme Claude Jouve-Ferec
Domaine Lafran-Veyrolles
215, route de l'Argile
83740 La Cadière d'Azur
Tél. : 04 94 90 13 37
Vente par correspondance

Autre trésor de cette appellation de bandol, qui ne se produit pas à Bandol même, mais dans un somptueux domaine, cultivé dès le XVIIe siècle.

Index des recettes
par produits principaux

Les recettes suivies de (V) sont des variantes

B

C

P

Index alphabétique des recettes

Les recettes suivies de (V) sont des variantes

T

V

Remerciements

À mes parents qui m'ont livré leurs secrets et leurs bonnes adresses ; à la maman d'Hélène pour son marsala jamais égalé ; à Mai, pour son apport à la cuisine provençale ; aux fidèles Dédée et Loulou Bonnet, toujours heureux de partager leur amour de notre région ; à mes amis québécois, Monique Dupire et Jean Chaumely, pour m'avoir prêté chacun une de leurs recettes favorites ; à ma tante et marraine Colette, la reine du tajine ; à Diane, photographe et cuisinière généreuse des dimanches au coin du feu ; à Isa, jamais en panne d'une appréciation pertinente sur ma cuisine ; à Véronique, ma fidèle testeuse ; à Ute, la Bavaroise qui m'a fait découvrir le basilic sur les fraises ; à Hilary, Anglaise sur le continent, qui suit les traces de Peter Mayle avec autant de talent ; aux deux merveilleux artistes que sont Cosabeth Parriaud et Richard Bonnet, qui partagent avec moi le goût des bonnes et belles choses ; à mon cousin Olivier et à Tatette, qui nous a transmis avec tant d'amour son savoir-faire ; à Marc et Pascale qui m'ont supportée cet été dans les affres de l'écriture...

À tous ceux, amis d'ici et d'ailleurs qui m'ont fait l'amitié d'apprécier ma table, ma cuisine et m'ont encouragée dans cette voie...

À Laure, l'amie de toujours, sans qui ce rêve n'aurait jamais vu le jour, un merci particulier pour ses patientes relectures et ses conseils éclairés.

Conception graphique : Stéphanie Le Bihan

Illustrations de la p. 4 : Christiane Schaeffer Cinqualbre

Photocomposition : IGS-Charente Photogravure
à L'Isle-d'Espagnac (16340)

Impression : Pollina s.a., 85400 Luçon

Reliure : SIRC à Marigny-le-Chatel

Achevé d'imprimer : mai 2002

N° d'édition : 20511

N° d'impression :

Dépôt légal : mai 2002